AF281376

Lektorat u. Design Eva Grauer

Verlag: BoD · Books on Demand GmbH, In de Tarpen 42,
22848 Norderstedt
Druck: Libri Plureos GmbH, Friedensallee 273,
22763 Hamburg

Bibliografische Information der Deutschen
Nationalbibliothek: Die Deutsche Nationalbibliothek
verzeichnet diese Publikation in der Deutschen
Nationalbibliografie; detaillierte bibliografische Daten
sind im Internet über dnb.de abrufbar.

ISBN 978-3-7693-1546-2

Sybille Jeziorski

Mache dich auf und werde Licht

Vom persönlichen Menschen zum Göttlichen Sein

INHALT

Vorwort

„Ihr seid das Licht der Welt.".[1]

Immer deutlicher spüren wir Menschen, dass wir uns in einer Zeit eines großen Umbruchs befinden, in dem das Bewusstsein nach Weiterentwicklung in neue Dimensionen drängt. Wir werden herausgefordert uns einer Transformation zu unterziehen, die uns über das persönliche Sein hinausbringt in ein überpersönliches Sein, in die Vereinigung mit dem Göttlichen - dem Licht.

Diese Wandlung beinhaltet zwangsläufig ein „Sterben" der Identifikation mit dem persönlichen Ich. Denn in dem Maße, in dem wir in den geistig-göttlichen Menschen hineinwachsen, erlischt in uns das persönliche Sein.

Vielen Menschen ist nicht bewusst, dass der spirituelle Entwicklungsweg eine Transformation bedeutet – das heißt Tod und Sterben des Alten, damit Neues geboren werden kann. Die Rückkehr ins Eins-sein ist erst möglich, wenn wir die Abhängigkeit vom irdischen Leben vollständig aufgegeben haben, wenn das persönliche Ich in uns „gestorben" ist.

Und doch schrecken die Menschen vor diesem Punkt meist zurück - zum Göttlichen streben und Erleuchtung erlangen wollen viele – bereit, die Identifikation mit der persönlichen Ebene sterben zu lassen, sind nur

---

[1] Matthäus 5, 14-16

1

wenige. Aber das eine ist ohne das andere nicht möglich.

Das Loslassen des persönlichen Seins ist für unseren Verstand allerdings abstrakt und nicht greifbar, deshalb ist es einfacher, sich erst einmal mit der Angst vor dem Tod der Körperlichkeit auseinanderzusetzen und zu erforschen: Wer bin ich? Wer oder was stirbt, wenn ich sterbe? Was bedeutet das, was wir Tod nennen?

Wir können die Angst vor dem Tod bewältigen, wenn wir erfassen, dass wir nicht der Körper sind, sondern etwas viel Größeres: Wir sind ewiges Leben! Wir sind Licht, grenzenloses Bewusstsein, das sich für eine bestimmte Zeit zentriert und hier auf der Erde einen physischen Körper bewohnt. Dieses unendliche Bewusstsein ist nicht abhängig vom Körperlichen, von Geburt und Tod.

Den Tod, so wie wir ihn aus gesellschaftlicher Sicht - als ein endgültiges Dahinscheiden - sehen, gibt es nicht. Es gibt lediglich unterschiedliche Seins-Zustände.

Der physische Tod stellt die Auflösung des materiellen irdischen Lebens und die Geburt zum Göttlichen dar. Es ist der Tod der Form, der Hülle, damit der Inhalt, das Wesentliche, in Erscheinung treten kann. Dieses Wesentliche, das Geistig-Göttliche wird durch den Tod enthüllt und lebt weiter.

Es ist wichtig, dass der physische Tod, den wir so weit aus unserem Leben verdrängt haben, wieder in unser Leben integriert werden kann, dass wir uns dem

Thema „Tod und Sterben" wieder langsam annähern und uns mit dem Tod versöhnen. Ich möchte den Menschen Mut machen, ihren Ängsten vor dem Tod zu begegnen, sich der Angst zu stellen und die Erfahrung zu machen, dass diese dabei nicht größer wird, sondern sich auflösen kann. Ein Leben ohne Angst vor Tod und Sterben ist ein befreites und glücklicheres Leben.

In dem Maße, wie sich unsere Angst vor dem körperlichen Tod verringert, wird sich auch die Angst vor dem „Hinein-Sterben" ins Göttliche Sein auflösen und wir können diesem Schritt angstfrei entgegen sehen.

Die Wandlung des Menschen hin zum Göttlichen Sein entspricht dem Heiligen Weg des Eingeweiht-Werdens in die Mysterien Gottes - dem geistigen Schauen der Zusammenhänge von Leben und Tod, von Geist und Materie. Wenn wir uns diesen Mysterien annähern, legen wir gleichzeitig einen Weg zum Göttlichen Reich frei und öffnen damit eine Tür zu einer Welt höheren Seins. Jetzt kann sich unser Bewusstsein neu entfalten, und wir können endlich anfangen frei zu leben!

-

Einleitung

Das Göttliche ist immer und überall gegenwärtig. Aber im Allgemeinen nehmen wir Menschen die ewige Göttliche Schöpfung wegen unserer eingeschränkten Sichtweise nicht mehr bewusst wahr. Wir verlieren uns in den Ereignissen der Umwelt und haben keinen Zugang mehr zu dem geistigen Wirken in uns. Wir haben uns selbst verloren und wissen nicht mehr, wer wir in Wirklichkeit sind. Zu tief sind wir verstrickt in die äußere Welt und das rationale Denken.

Das wahre Sein ist jenseits der Begrenzung des rationalen Verstandes. Endgültige Antworten über alle seelisch-geistigen Geschehnisse, über das Leben, die Geburt und den Tod kann es deshalb nicht geben, denn wir können keine Beweise erbringen für Dinge, die - zumindest im wissenschaftlichen Sinne - nicht beweisbar sind. Es handelt sich dabei um Bereiche, die wir mit dem menschlichen Verstand nicht erfassen können. So kann jeder Mensch nur seiner eigenen Intuition vertrauen, um die Wahrheit für sich selbst zu finden. Oftmals müssen wir Erklärungen ganz „offen" lassen und das Mysterium der geistigen Welt staunend hinnehmen. Jedem von uns sollte bewusst sein, dass alles, was über die geistige Welt geschrieben wird und wurde, letztlich nur eine Annäherung an diese „Realität" darstellen und nicht wortwörtlich genommen werden kann. Im Grunde sind Worte zur Beschreibung der höheren Welten ungeeignet, weil diese Bereiche jenseits aller Logik existieren. Wir kennen dieses Gefühl im Zusammenhang mit unseren Träumen. Wenn wir das, was wir in Träumen erleben, nacherzählen wollen, spüren wir oft die Begrenzung der Worte. Das Erlebte lässt sich nicht mit Begriffen beschreiben, denn geeignete Worte stehen uns dafür nicht zur Verfügung. So wie wir versuchen unser Traumerleben wiederzugeben, fand es im Traum meist gar nicht statt. Der Verstand ist an Raum und Zeit gebunden. Im Traum ist der Verstand jedoch ausgeschaltet und wir befinden uns in einer Welt, in der Raum und Zeit ganz andere Dimensionen annehmen. Die geistige Welt ist in unserem Sinne raum- und zeitlos - und für uns damit gar nicht vorstellbar.

Unser Gehirn ist eine Art Empfangsgerät, in das Informationen aus dem höheren Bewusstsein eindringen und mit dem Verstand ins Weltliche übersetzt und verarbeitet werden. Für mein Empfinden ist das Reden über das Mysterium der geistigen Welt vergleichbar damit, als wollte ich den grenzenlosen Kosmos durch ein Nadelöhr zwängen. Ich erspüre die unendliche geistige Welt und versuche, sie in Raum und Zeit zu pressen, sie in Worte einzugrenzen, damit sie durch dieses Nadelöhr „Verstand" hindurch passt. Was am anderen Ende herauskommt, kann nur etwas Verzerrtes sein.

Und dennoch benötigen wir Worte als Vermittlungsinstrumente, um uns anderen Menschen verständlich zu machen und uns mit ihnen auszutauschen. Und so kann uns dieses „Verzerrte", dieses „Drumherum-Reden" trotz seiner Eingeschränktheit Denkanstöße geben und uns helfen, ein Gespür, eine Ahnung von den Geschehnissen des Mysteriums Leben und Tod zu entwickeln.

Im Erkennen, dass wir mehr sind als die Welt der Formen, mehr als unser physischer Körper, ist es uns möglich, die materielle Welt zu überwinden. Dann unterliegen wir nicht mehr der Täuschung, dass der Tod unser Dasein beendet. Neue Hoffnung kann einkehren bei Menschen, die unter Angst und Todesfurcht leiden. Die Furcht vor dem Tod, die so vielen Menschen den inneren Frieden raubt, kann besiegt werden.

Dieser kleine Einblick in das Mysterium von Leben und Tod kann uns helfen, die vielen aktuellen Umwandlungsprozesse in uns und unserem Körper zu verstehen und zuzulassen, damit sich das Licht in uns offenbaren kann.

Mein Lehrer – die Angst

Schon von Kindheit an hatte ich große Angst vor dem Tod. In unserer Familie wurde der Tod nie erwähnt und es ist auch in der Verwandtschaft und Bekanntschaft während meiner Kindheit niemand gestorben. Der Tod existierte scheinbar nicht. Und doch hing die Angst vor dem Tod wie eine unsichtbare Glocke über unserer Familie. Feinfühlig und sensibel wie Kinder sind, nahm ich diese Angst als ein diffuses, bedrohliches Gefühl in mich auf. Wenn ich zum Beispiel mit meiner Mutter durch die Straßen ging und sie auf unserer Straßenseite ein Schaufenster eines Bestattungsinstituts erblickte (damals wurden Urnen und Särge noch in Schaufenstern ausgestellt), nahm sie mich bei der Hand, überquerte mit mir die Straße und sagte: „Schau nicht dort rüber, da ist etwas, das ist nicht schön." Ich muss wohl doch hinüber geschaut haben, denn ich sehe noch heute sehr klar die großen Schaufenster mit den Särgen vor mir – unheimlich und bedrohlich!

Durch solche Begegnungen spürte ich, dass es da etwas Schreckliches geben musste - und so wurde die Angst mein stetiger Begleiter.

Immer öfter hatte ich depressive Zeiten, die mich am Leben hinderten. Bei dem Gedanken, dass ich sterben muss, kamen Panik und Verzweiflung auf. Ich dachte: „Ich halte es nicht aus, sterben zu müssen; lieber bringe ich mich um" - und erkannte, dass ich, wenn ich Selbstmord beginge, genau da landete, wo ich ja nicht hin wollte: nämlich im Tod. Mir wurde bewusst, in welcher Falle ich steckte. Nicht einmal umbringen konnte ich mich. Es gab keinen Ausweg: Ich muss sterben - irgendwann einmal wird der Augenblick da sein, in dem ich sterben werde! In dieser Ausweglosigkeit gab ich resigniert meinen Kampf auf. Es nützte nichts mehr, mich aufzubäumen.

Und genau in diesem Aufgeben, dem Hingeben an mein Schicksal, das in diesem Punkt nicht zu ändern ist, wurde in mir eine neue Kraft geboren. Ich bekam den Impuls: Wenn ich wirklich sterben muss, wenn diese Tatsache nicht zu ändern ist, dann will ich wenigstens wissen, was der Tod ist! Von da an brachte ich den Mut auf, mich dem Tod zu stellen. Ich wollte meine Angst kennen lernen, wollte wissen: Wovor genau habe ich Angst?

Vorsichtig begann ich, mich mit den unterschiedlichsten Facetten des Todes auseinander zu setzen. Viele Bücher, wie etwa die von Elisabeth Kübler-Ross, halfen mir bei der Beschäftigung mit meinen Fragen: Wie gehen andere Menschen mit dem Thema Tod und Sterben um? Was geht in einem Menschen vor, der die Nachricht bekommt, in Kürze sterben zu müssen? Was bedeutet es, im Sterben zu liegen und wie sterben Menschen? Und vor allem: Was geschieht nach dem Tod? Ist der Tod wirklich das Dunkle, vor dem ich mich so sehr fürchtete? Wer oder was bin ich nach dem Tod?

Bei dieser Auseinandersetzung bemerkte ich, wie Ruhe und Frieden in mich einflossen. Die Angst wurde nicht größer, wenn ich mich dem Tod stellte, so wie ich das früher befürchtet hatte. Im Gegenteil! Die Angst nahm ab. Mein Gefühl zum Tod wurde langsam lichter und heller und ich wurde immer zuversichtlicher. Es gelang mir, mich zunehmend von der riesigen Last zu befreien, die ich von Kindheit an mit mir herumgeschleppt hatte. Ich spürte, dass sogar Neugierde aufkam auf alles, was den Tod betraf. Indem ich ihn mehr und mehr kennen lernte, wurde er mir vertrauter und ich konnte mich nach und nach mit ihm versöhnen.

Es kristallisierte sich auch immer deutlicher heraus, dass es da eine Höhere Kraft gab, der ich vertrauen konnte. Eine Teilnehmerin meiner Seminare über Tod und Sterben formulierte es später einmal so: „Tod hat etwas mit Gott zu tun!" - Das genau war es für mich! Ich habe im „Tod" Gott gefunden.

Albert Camus drückte dasselbe Empfinden mit folgenden Worten aus:

„Es gibt nur einen Frieden: Sich mit dem Tod auszusöhnen. Danach ist alles möglich. Ich kann Sie nicht zwingen, an Gott zu glauben. An Gott zu glauben bedeutet, sich mit dem Tod zu versöhnen. Wenn Sie den Tod akzeptiert haben, ist das Problem Gott gelöst – und nicht umgekehrt."

Die meisten Menschen bemerken ihre Angst vor dem Tod gar nicht. Die Angst liegt oft tief verborgen, wirkt aus dem Unbewussten heraus und hindert die Menschen am wirklichen Leben.

Ich bin sehr froh darüber, dass die Angst mein Lebensbegleiter war und ich sie so deutlich spürte, dass ich sie erlösen musste und auch erlösen konnte. Ich habe mich meiner Angst vor dem Tod gestellt und bin an ihr gewachsen. Mir ist bewusst geworden, dass da, wo die Angst ist, unser Weg entlang führt und dass wir, wenn wir uns diesem Weg widersetzen, nur ein sehr eingeschränktes Leben führen können. Stellen wir uns dagegen den Ängsten und gehen durch sie hindurch, können wir sie überwinden. Dann können Frieden und Freiheit folgen.

Heute fühle ich mich frei - mich beherrscht die Angst vor dem Tod nicht mehr. Trotzdem weiß ich nicht, wie ich mich fühlen werde, wenn ich wirklich im Moment des Sterbens stehe. Ich vermute auch, dass ich einen riesigen Schrecken bekommen würde, wenn man mir die Nachricht einer unheilbaren und tödlich endenden Krankheit übermitteln würde. Wahrscheinlich würden mich erst einmal Ängste überfallen. Aber ich bin mir sicher, dass ich mich aus diesen Ängsten herausarbeiten könnte und mir letztlich bewusst würde, dass mein Körper zwar stirbt, aber ich als geistiges Wesen weiter existieren werde.

Bei der Vorstellung, wieder zurück in die geistige Welt zu gehen, frei zu sein vom irdischen Körper und mit meinen Engeln, Helfern und Freunden auf direkte Weise zusammen zu sein, erfüllt mich große Sehnsucht und ein Gefühl von „Nachhause kommen".

Meine Angst hat mich den Tod und somit das Leben gelehrt. Sie hat mir geholfen, ein klein wenig in das große Mysterium Leben und Tod einzutauchen.

Diese Erfahrung möchte ich nun weitergeben, und ich würde mich freuen, wenn wir alle das Geheimnis des

Todes entdecken und dadurch unsere Einstellung zum Thema Tod und Sterben verändern könnten; wenn wir dem Tod die Finsternis nehmen und stattdessen dieses Thema mit Gedanken und Gefühlen des Lichtes erfüllen würden - anstatt vor dem Tod davonzulaufen und die Erfahrung zu machen, dass er immer hinter uns herläuft.

Das Sterben und der Tod könnte ein völlig normaler Vorgang sein – was es ja auch ist: ein Zurückziehen aus dem physischen Körper und der irdischen Welt hinein in die geistige Welt mit einem geistigen Körper. Für solch ein Umdenken ist es wichtig, die Grundangst des Menschen – die Angst vor dem Tod – schon in der Kindheit so weit wie möglich zu erlösen. Wir sollten den Tod unseren Kindern gegenüber nicht mehr tabuisieren, sondern ihnen einen möglichst ungezwungenen, selbstverständlichen Umgang vorleben.

Für Kinder ist der Tod normalerweise etwas ganz Natürliches. Je kleiner sie sind, desto unbefangener gehen sie mit neugierigen Fragen auf dieses Thema zu. Sind sie älter, haben sie schon viele Reaktionen von ihren Eltern und aus der Umwelt mitbekommen, die ihre Einstellungen geprägt haben. Wenn sie erleben, dass die Umwelt mit Angst und Schrecken auf den Tod reagiert, übernehmen sie diese Angst. Kinder spüren jegliche emotionale Betroffenheit. Die Erwachsenen produzieren diese Ängste in den Kindern, indem sie sie verschonen und vom Tod fern halten wollen, in der Befürchtung, dass sie einen Schaden davontragen könnten. Aber anstatt es zu vermeiden, mit ihren Kindern über das Thema Tod zu sprechen und zu versuchen, ihre eigenen Ängste vor dem Tod vor den Kindern zu verbergen, sollten Eltern zu ihren Gefühlen stehen und diese den Kindern offen zeigen; damit könnten sie ihnen eine größere Hilfe sein. Man kann wunderbar mit Kindern über den Tod sprechen, für Fragen, die im Gespräch auftauchen gemeinsam Erklärungen finden oder Fragen, die nicht geklärt werden können, ruhig – in Absprache mit dem Kind – offen und unbeantwortet lassen. Eine andere Möglichkeit ist es, Kinder ihre eigenen Vorstellungen über den Tod, über Gott oder über ein anderes Lebensthema aufmalen zu lassen, um so ihre Fragen zu klären. Kinder sind noch viel tiefer mit ihrer geistigen Heimat verbunden. Sie öffnen sich und drücken dies im Gespräch oder in Bildern aus, wenn sie spüren, dass wir sie damit akzeptieren und ihre Aussagen nicht als „Kinderei" abtun, nur weil wir uns bereits sehr viel weiter von unserer geistigen Heimat entfernt haben.

Erst durch die eigene Offenheit ist es möglich, dass das Thema Tod für Kinder selbstverständlicher und natürlicher wird. Sie sind der Same, der eine neue Einstellung zum Tod in die Welt tragen kann, damit die nächsten Generationen generell angstfreier und spontaner durchs Leben gehen können und der Tod wieder als etwas „Normales" in unser Leben eingebunden werden kann.

Umgang mit Sterbenden

„Es gibt wohl keinen größeren Akt der Barmherzigkeit, als einem Menschen dabei zu helfen, auf gute Art zu sterben." Sogyal Rinpoche

In unserer westlichen Gesellschaft haben wir den Tod fast vollständig aus unserem Leben verbannt. Das Sterben findet zum größten Teil nicht mehr wie früher inmitten der Familien, sondern irgendwo in Kliniken oder Altenheimen statt. So wähnen wir uns hier im täglichen Leben in Sicherheit und nähren das Gefühl, „sterben tun nur die anderen". Aber auch wir gehören zu den Sterbenden, vielleicht nicht gerade in diesem Augenblick, aber zu irgendeiner Stunde - und wir wissen nicht, wann diese sein wird.

Als Sterbende haben wir manchmal einen schwierigen Wandlungsprozess zu durchleben. Sterben bedeutet unwiderruflich von allem Abschied zu nehmen, was uns hier auf der Erde vertraut und lieb geworden ist. Wir müssen die unterschiedlichsten Gefühle aushalten: die Trauer über die Trennung von allen menschlichen Beziehungen, die Angst vor dem letzten Loslassen, vor dem Unerklärlichen, Unbekannten, das auf uns zukommt und nicht zuletzt die Angst vor körperlichen Schmerzen. Wir werden mit unserer ganzen Ohnmacht mit dem Sterben konfrontiert.

An diesem Punkt des Lebens brauchen wir Unterstützung von unseren Angehörigen oder von anderen Menschen, die uns bei der Verarbeitung dieser überwältigenden Geschehnisse hilfreich zur Seite stehen können.

Aber genau da fühlen sich Sterbende in den meisten Fällen alleine, ohne jegliche Hilfe, weil viele unserer Mitmenschen Angst vor der Konfrontation mit dem Tod haben. Sie wollen nicht daran erinnert werden, dass auch sie einmal an diesen Punkt gelangen werden.

In dem gleichen Maße, wie wir Sterbende ausgrenzen und „abschieben", wächst jedoch zwangsläufig die eigene Angst vor dem Sterben; denn letztlich wissen wir, dass auch wir einmal sterben müssen und somit auch ausgegrenzt werden. Diese Isolation wird uns in der schwersten Stunde treffen, wenn wir im Grunde genommen der größten Hilfe bedürfen.

Die Angst, alleine und unter Schmerzen zu sterben, verstärkt immer mehr den Wunsch nach aktiver Sterbehilfe. Umso dringender ist es für uns, als gute Alternative eine optimale Sterbebegleitung mit zuverlässiger Schmerztherapie anzubieten. Zu einer guten Sterbebegleitung gehört jedoch, dass sich die Menschen, die den Sterbenden betreuen, mit ihrer eigenen Angst auseinandergesetzt haben. Um zu verstehen, was in Sterbenden vor sich geht, was sie fühlen und brauchen, ist es wichtig, zuvor die eigenen Ängste und Gefühle kennen zu lernen.

Solange in uns Angst vor dem Tod vorhanden ist, und mag sie auch ganz unbewusst sein, werden wir zwischen uns und dem Sterbenden eine emotionale Mauer aufbauen, um uns vor dem Geschehen zu schützen, selbst wenn wir uns noch so bemühen und angstfrei erscheinen wollen. Diese unbewusste Mauer signalisiert: „Komm mir nicht zu nahe, Sterben macht mir Angst!" Sterbende spüren das sehr genau, denn sie sind sehr sensibel und feinfühlig, da sich der Körper, der uns normalerweise schützt, im Sterbeprozess langsam zurückzieht. Demzufolge kann sich der sterbende Mensch in dieser schwierigen Situation hinter der von uns aufgebauten Mauer allein gelassen fühlen.

Wenn wir dagegen die eigene Angst vor dem Tod und dem Sterben kennengelernt und sie so weit wie möglich aufgelöst haben, können wir frei, verständnisvoll und gefühlvoll auf den Sterbenden zugehen, uns in ihn hineinversetzen und ihm die Hilfe geben, die er braucht, um geborgen und in Frieden zu sterben.

Auch die äußere Umgebung spielt dabei eine wichtige Rolle. Der Sterbende ist ja meist hilflos und kann nicht mehr für sich selbst sorgen. So ist er darauf angewiesen, dass seine Angehörigen und die ihn Pflegenden für ihn Sorge tragen und ihm den nötigen Schutz, die nötige warme Atmosphäre der Geborgenheit schaffen, damit er diesen wichtigen Augenblick seines Lebens so weit wie möglich angstfrei erleben kann.

Die Umgebung des Sterbenden sollte möglichst so sein, wie er das selbst gerne hätte. Als Begleiter eines Sterbenden sollten wir seine Wünsche, soweit er sie noch äußern kann, respektieren und ernst nehmen. Er weiß besser als wir, was er noch braucht. Auch wenn der Sterbende die Augen geschlossen hält und nur schläft, oder es so scheint, als würde er uns nicht mehr hören und nicht mehr auf Berührung reagieren, so bekommt er doch auf einer anderen Ebene alles, was um ihn herum geschieht mit. Seine Wahrnehmung besteht viel länger als wir vermuten; besonders die Fähigkeit zu hören, auch wenn der Sterbende nicht mehr die Kraft hat sich mitzuteilen. Wichtig ist, dass wir aufmerksam sind und erspüren, was er uns vielleicht vermitteln möchte.

Der Sterbende, sowie die Angehörigen oder sonstige Pflegende sollten sich in einer ruhigen, friedlichen Umgebung so weit wie möglich geborgen und wohl fühlen. Frieden und Geborgenheit in der Umgebung fördern die Angstfreiheit. Das ist deshalb so wichtig, weil man sich durch die Angst verspannt und verschließt. Angst heißt „Enge". Wir verschließen den Körper, machen „zu", damit das, was uns im Außen Angst macht, nicht in uns hineingelangt. Aber der Prozess des Todes ist ein Loslassen, ein „Sich-hinge-ben". Wir müssen uns ja öffnen, um als Seele die physischen Bindungen loszulassen und aus dem Körper auszutreten. Wenn die Angst alle Türen verriegelt, kommt es zum Kampf, denn die Seele will hinaus. Todeskampf findet nur dann statt, wenn wir uns wehren, wenn wir Angst haben und uns festhalten am Leben, das uns sicher und vertraut scheint.

Wenn wir also dem Sterbenden eine Atmosphäre von Geborgenheit schaffen, ihn beruhigen und beschützen, hat das eine positive Wirkung auf ihn und er kann leichter loslassen, sich dem Prozess des Sterbens hingeben und in ein neues Leben in der geistigen Welt hinübergleiten.

Als Argument gegen die Einrichtung spezieller Sterbe-zimmer in Krankenhäusern wird – neben dem Zeit- und Finanzproblem – oft angeführt, dass die Sterben-den bei einer Verlegung merken würden, dass sie im Sterben liegen – und dass man vermeiden möchte, sie dadurch zu beunruhigen. Aber dadurch wird die Verdrängung des Sterben-Müssens bis zur letzten Minute fortgeführt. Besser ist es, wenn wir unsere Einstellung zu Tod und Sterben verändern, wenn wir lernen, mit den Ängsten umzugehen und uns dann gegenseitig versorgen und beschützen.

Die meisten Sterbenden wissen ohnehin intuitiv, dass sie im Sterben liegen. Oft ist es so, dass sie es vor ihren Angehörigen verschweigen wollen, um diese zu schüt-zen. Die Angehörigen sprechen ebenfalls nicht darüber, um wiederum den Sterbenden zu schützen. So trägt jeder die Last mit sich herum, anstatt sich auszu-sprechen und sich von dieser Bürde zu befreien. Aber solch eine Wahrheit auszusprechen bedeutet auch, den Gefühlen, die damit verbunden sind, freien Lauf zu lassen. Diese Gefühle auszuhalten, ist für viele Menschen beängstigend.

Andererseits versuchen manche Sterbende auch, das Wissen um ihr Sterben zu verdrängen. Aber selbst in diesem Fall ist es eine Hilfe für sie, wenn man ihnen die Möglichkeit schafft, sich dafür zu öffnen. Zum Beispiel, indem man im Gespräch ganz vorsichtig eine Frage stellt, die ihnen ermöglicht, das auszusprechen, was ihnen am Herzen liegt. Wichtig dabei ist, immer wieder die jeweilige Situation zu erspüren, Einfühlsamkeit und Intuition walten zu lassen und den Sterbenden zuzuhören. Oft erzählen sie uns unbewusst, auf verschlüsselte Weise, dass ihr Sterben bevorsteht. Ihre Symbolsprache handelt vom „Nachhause kommen" oder von Schiffen, die am Ufer warten, sie verlangen nach ihrem schwarzen Anzug oder dem festlichen Kleid für ihre „Heimfahrt". In manchen Fällen beschreiben sie sogar ihre Begegnungen mit schon verstorbenen Angehörigen, die sie erwarten und abholen möchten.

Ein freundliches und friedliches Sterbezimmer bietet - über die Atmosphäre der Geborgenheit für den Sterbenden hinaus - für die Angehörigen die Möglichkeit, sich letztlich von dem Sterbenden wie auch von dem schon Verstorbenen zu verabschieden. Wie viel leichter ist ein Abschied in einer angenehmen Umgebung, in der die Zurückbleibenden die letzte Zeit, die sie mit dem Sterbenden oder dem Verstorbenen verbringen, in Ruhe selbst gestalten können! Dabei kann trotz des Schmerzes und der Trauer auch die Schönheit des Todes erkannt werden. Wenn ich „Tote" sehe, bin ich immer wieder beeindruckt von der Würde und Erhabenheit die sie ausstrahlen. Es ist eine Atmosphäre von Ehrfurcht, von etwas Hohem und Heiligem um einen verlassenen leeren Körper herum.

Zeit der Trauer

„Tränen sind Gottes Wege, um Herzen zu schmelzen,
die in Trauer eingefroren sind"

Zitat aus dem Fernsehfilm
‚Frohe Weihnachten Mrs. Kingsley'

Gefühle der Trauer hat jeder von uns schon mehr oder weniger intensiv durchlebt; überall da, wo wir im Leben eine Veränderung, einen Abschied erleben mussten, zum Beispiel bei einem Umzug, beim Schulabschluss, beim Auszug aus dem Elternhaus oder beim Ausscheiden aus dem Arbeitsleben. In all diesen Situationen erleben wir zum einen Teil Freude auf den neuen Lebensabschnitt und zum anderen Teil Trauer über den Verlust oder Abschied.

Aber der schmerzhafteste Verlust, der uns im Leben begegnet, ist wohl der Tod eines Angehörigen, eines Freundes, eines lieben Menschen, mit dem wir uns verbunden gefühlt haben. Dieser Verlust ist ein endgültiger Abschied - ein Abschied für immer und ewig; zumindest in dieser Form und in diesem Leben. Wir werden mit diesem Menschen in der gewohnten Form, hier auf Erden nie mehr zusammen sein können.

Diese Endgültigkeit lässt in uns die unterschiedlichsten Gefühle aufsteigen: Da ist zunächst der Schock, wir können es nicht glauben! „Eben war dieser Mensch doch noch da, bewegte sich, atmete - und plötzlich ist Stille!" oder „Gestern habe ich doch noch mit ihm gesprochen - und nun ist er für immer und ewig gegangen!"

Dann folgt eine Zeit der Leere, in der wir wie versteinert sind - keine Tränen, keine Gefühle. Schließlich tauchen Wut, Verzweiflung und auch Angst auf, die Angst vor dem eigenen Tod.

Wenn wir mit dem Verstorbenen zusammen gelebt haben, müssen wir uns meist auch von alten Gewohnheiten trennen. Unser ganzes Leben ändert sich vielleicht. Wir haben mit uns selbst einen Neubeginn zu bewältigen.

Durch ein jahrelanges Zusammenleben wachsen zwei Menschen zusammen, es kann eine tiefe Einheit dabei entstehen. Wird diese Beziehung dann durch den Tod des Partners abgebrochen, kann es eine offene Wunde beim anderen hinterlassen. Der Zurückbleibende fühlt sich plötzlich nur noch „halb", fühlt einen Teil aus seinem Herzen herausgerissen. Dass dieser Teil nun endgültig weg sein soll, ist für uns erst einmal sehr schwer zu akzeptieren.

Die Art der Trauer wird zum einen durch die Todesumstände bestimmt. Nach dem plötzlichen Tod eines Angehörigen ist der Schock natürlich größer, als wenn man durch eine längere Krankheit allmählich damit konfrontiert wurde und sich auf den Tod vorbereiten konnte. Auch können wir meistens das Sterben von älteren Menschen leichter akzeptieren als das von Kindern, Jugendlichen oder jungen Eltern, die Kinder hinterlassen. Die alten Menschen, so trösten wir uns, haben ihr Leben gelebt, haben es erfüllt. Bei Kindern und jungen Menschen hadern wir dagegen häufig mit dem Schicksal und mit Gott: Wie konnte Er das zulassen? Für uns, aus „weltlicher" Sicht, erscheint solch ein Tod sinnlos. Wir empfinden es so, als würde dieser junge Mensch mitten aus dem Leben gerissen. Aus geistiger Sicht hat dieser junge Mensch jedoch genau die Zeit gehabt, die er für seine Lebensaufgabe benötigte.

Daneben wird unsere Trauer auch durch die Art und Weise bestimmt, wie wir bisher mit unseren Gefühlen umgegangen sind. In unserer heutigen Gesellschaft ist es nicht einfach, den Gefühlen freien Lauf zu lassen.

Früher gab es Trauerbräuche, die den Menschen halfen, ihre Trauer zu verarbeiten. Diese gesellschaftlich anerkannte Trauerzeit war auf eine gewisse Dauer - bis zu einem Jahr oder sogar noch länger - festgelegt. Die übliche schwarze Trauerkleidung war als Zeichen des erlittenen Verlustes auch ein Schutz, signalisierte sie doch nach außen: „Seid achtsam mit mir! Ich bin im Moment sehr empfindsam, sehr verletzlich, sehr traurig." Trauernde Menschen wurden teilweise von ihren sozialen Verpflichtungen freigestellt.

Wir erleben in der heutigen Gesellschaft oftmals das Gegenteil: Wir wagen nicht mehr, unsere Gefühle, die Verletzlichkeit, die Trauer zu zeigen, sondern verbergen sie vor den Mitmenschen und oft genug vor uns selbst. Wir schämen uns unserer Tränen. Trauer wird vielfach mit Schwäche gleichgesetzt. Von Kind an haben wir bei zahlreichen kleinen Verlusten gehört: „Reiß dich zusammen!" - „Stell dich nicht so an!" - „Sei keine Heulsuse!" - oder „Beiß die Zähne zusammen!".

Die Reihe der Beispiele ließe sich noch beliebig fortsetzen. Alle diese Sätze haben wir verinnerlicht, und wir handeln heute danach, so dass wir das Trauern nicht mehr gewohnt sind und es uns schwer fällt, mit den überwältigenden Gefühlen des Schmerzes fertig zu werden. Bei Frauen werden Tränen ja noch halbwegs geduldet, aber für Männer („Ein Junge weint doch nicht!") ist es schon schwieriger, Tränen zuzulassen oder gar zu zeigen - auch wenn sich gesellschaftlich in dieser Hinsicht ganz langsam einiges zu verändern scheint.

„Das beste Heilmittel gegen Trauer ist - zu trauern"; dieser einmal gehörte Satz ist mir in Erinnerung geblieben. Oder wie Elisabeth Kübler-Ross schreibt: „Wir kommen nicht um das Trauern herum. Wir haben nur die Wahl, es gleich zu erledigen oder in unseren Körper zu verdrängen, und dann kommt es später oder gar durch körperliche Symptome, durch Krankheit hervor."

Deshalb ist es wichtig, unserem Schmerz Ausdruck zu geben, uns selbst Gefühle der Trauer zu erlauben. Wir haben ein Recht auf unsere Trauer, und wir dürfen uns die Zeit nehmen, die wir zum Trauern brauchen. Trauern ist ein Prozess, der von jedem Menschen individuell durchlaufen wird. Und jeder hat seine eigene Zeit dazu. Der eine trauert länger, der andere kürzer – und keines ist besser oder schlechter. Wir sollten geduldig mit uns sein und uns so annehmen, wie wir sind.

Aber wenn sich die Trauer verhärtet, wenn wir uns versteinert fühlen, weil sich in uns gefühlsmäßig über längere Zeit nichts mehr bewegt, dann sollten wir uns Hilfe holen, um den Prozess wieder in Bewegung zu setzen, damit die Trauer irgendwann ein Ende haben kann.

Um uns die Trauerzeit zu erleichtern, mag uns die Vorstellung helfen, dass mit den Tränen auch der Schmerz aus unserem Körper heraus gespült wird, solange, bis diese Tränen irgendwann versiegt sind und wir ausgetrauert haben.

Manche Menschen haben Angst zu trauern, weil sie meinen, sie könnten in der Trauer versinken und untergehen, sie könnten sich vielleicht nie mehr freuen.

Irgendwann jedoch hat selbst die Trauer ein Ende, so wie alles im Leben einmal ein Ende hat und sich wieder dem ewigen Kreislauf des Lebens hingibt. Leben ist Bewegung, ist Veränderung. Es verläuft in Wellen oder Kurven - nach jedem Tief folgt unweigerlich ein Hoch, und nach jedem Hoch wird irgendwann wieder ein Tief kommen. Das eine kann nicht ohne das andere existieren, so wie es ohne Tod keine Geburt und ohne Geburt keinen Tod geben kann. Wir kennen alle die Worte: „Wenn du glaubst, es geht nicht mehr, kommt von irgendwo ein Lichtlein her". Dieses Licht erscheint uns auch am tiefsten Punkt unserer Trauer - immer dann, wenn wir glauben, wir schaffen es nicht mehr, wir kommen aus dem tiefen Dunkel nicht mehr heraus. Das genau ist der Wendepunkt, an dem uns das Leben wieder weg von der Trauer und nach oben ins Licht zieht. Wichtig dabei ist, dass wir uns dem Fluss des Lebens hingeben, uns mit ihm treiben lassen und nicht dagegen anschwimmen.

Bisweilen fällt es uns sogar schwer, die Zeit der Trauer wieder loszulassen. Trauer ist ein sehr intensives Gefühl, das uns mit dem Verstorbenen verbindet und uns somit in gewissem Maße auch erfüllt. Wir haben Angst, den Verstorbenen zu vergessen, wenn wir nicht mehr um ihn trauern und uns stattdessen dem eigenen Leben zuwenden. Wir befürchten, dass die Bilder der Erinnerung dadurch verblassen könnten und das Band, das uns mit dem Verstorbenen verbunden hat, zerrissen wird. Aber die Erinnerungen und die Liebe bleiben in unserem Herzen, solange wir das möchten. Wir können nun die alte Beziehung, die uns mit dem Verstorbenen in der Vergangenheit verbunden hat, loslassen und stattdessen eine neue, befreite Beziehung zu ihm im Jetzt aufbauen, wenn wir wissen, dass wir auf diese Art für immer mit ihm verbunden bleiben.

Allzu leicht übersehen wir auch die Auswirkungen, die unser Trauerverhalten auf einer ganz anderen Ebene hat. Eine zu lange Zeit der Trauer, verbunden mit der Sehnsucht, den Verstorbenen „zurückhaben zu wollen", bindet diesen an die Erde. Wir erschweren ihm damit seinen Weg, den er jetzt zu gehen hat. Stattdessen können wir durch die Liebe mit ihm in Verbindung bleiben, ihm Licht und Vertrauen zusenden und ihn dadurch auf seinem Weg unterstützen.

Sergio Bambaren schreibt über die Liebe und das Abschied-nehmen Folgendes:

„Vielleicht bedeutet Liebe auch lernen, jemanden gehen zu lassen, wissen, wann es Abschiednehmen heißt. Nicht zulassen, daß unsere Gefühle dem im Weg stehen, was am Ende wahrscheinlich besser ist für die, die wir lieben."[1]

Wenn wir die Zeit der Trauer nutzen, so werden wir am Ende feststellen, dass wir an ihr gewachsen sind, dass sie uns mit neuer Kraft und Hoffnung erfüllen konnte. Und letztlich werden wir erkannt haben, dass alles im Leben seinen Sinn hat.

---

[1] Sergio Bambaren, Der träumende Delphin, S.33

Wie uns das Leben das Sterben lehrt

„Das Grundprinzip des Lebens ist Vergänglichkeit."

Sogyal Rinpoche

Wir wissen nicht wann, wie und wo wir sterben werden; aber sicher ist uns, dass wir sterben werden. In jedem Augenblick könnte es so weit sein. Es gibt Millionen Möglichkeiten das Erdenleben zu beenden.

Ein Sprichwort sagt: Jeder Tag, an dem man nicht an den Tod denkt, ist ein verlorener Tag. Nur mit Blick auf den Tod erkennen wir, wie relativ das Erdenleben ist. Wir suchen ständig nach Sicherheit, wollen uns am Leben festhalten können. Der Tod jedoch zeigt uns, dass das ganze irdische Dasein Veränderung ist. Nichts ist uns sicher und verlässlich, denn jeder Augenblick, jede Pflanze, jedes Tier, jeder Mensch verändert sich ohne Unterlass und befindet sich in einem unaufhörlichen Wandel.

Das Leben selbst – das Formlose - bleibt jedoch immer erhalten. Es kann nicht sterben – es ist ewig. Allein die Formen durch die sich das Sein ausdrückt, verändern sich und sind irgendwann einmal im Begriff zu zerfallen. Das Sterben der Formen in der materiellen Welt findet ununterbrochen statt. Sämtliche Formen sind im Begriff zu entstehen, sich für eine Weile zu erhalten und sich dann aufzulösen. Dieser stetige Wandel ist in jeder Form enthalten. Vieles an diesen Veränderungen halten wir für völlig normal und erkennen es deshalb nicht als ein „Sterben". Aber wenn unsere körperliche Hülle sich verändert und stirbt, können wir das nur schwer akzeptieren.

In anderen Kulturen ist den Menschen diese Vergänglichkeit der irdischen Existenz noch viel bewusster, wie es auch bei uns in früheren Zeiten noch der Fall war, als zahlreiche Dinge des täglichen Lebens an den jederzeit möglichen Tod erinnerten. Die Menschen haben das Sterben von Angehörigen oder Freunden in ihren Familien zu Hause oder in der Nachbarschaft hautnah miterlebt. Das Sterben war damals auch in unserer Gesellschaft ein Prozess, der mitten im Leben stattfand. Jeder hatte sein Sterbehemd allzeit bereit im Schrank liegen. Es gab sogar kleine Schmucksärglein, die auf dem Tisch oder auf dem Sideboard standen und die Besitzer jederzeit an ihren Tod erinnerten. Die Menschen beteten darum, nicht einen plötzlichen Tod zu sterben, weil ihnen dies die Möglichkeit raubte, sich auf den Tod vorbereiten zu können. Abgesehen davon, dass ein plötzlicher Tod für die Hinterbliebenen einen unsagbaren Schock bedeutet, ahnten oder wussten die Menschen damals, dass auch der Verstorbene bei solch einem abrupten Ableben ziemliche Komplikationen erleben kann. Im Gegensatz dazu wünschen sich heutzutage viele Menschen einen schnellen, plötzlich auftretenden Tod, um von einem Moment zum anderen „weg" zu sein. Das zeigt, wie sehr die Auseinandersetzung mit dem Tod heute bei uns verdrängt wird. Lieber wollen die Menschen es zu gegebener Zeit „einfach nur schnell hinter sich bringen", anstatt sich zu Lebzeiten mit solch einem unangenehmen Thema beschäftigen zu müssen.

Ganz anders dagegen gehen Menschen in anderen Teilen der Erde mit dem Tod um. Eine uralte Tradition ist beispielsweise bis heute in Mexiko lebendig. An ihrem größten Fest des Jahres – zu Allerseelen – kommen am Tag der Toten all ihre Verstorbenen zu Besuch. Die Mexikaner fühlen sich mit ihren Verstorbenen sehr verbunden und begrüßen sie mit aufgestellten Altären, Figuren, Skeletten, Totenköpfen - alles bunt verziert, damit keine Gefühle der Angst aufkommen. Ein Festmahl mit dem Lieblingsessen der Verstorbenen wird in den Familien vorbereitet und es wird ein Platz für sie am Tisch gerichtet. Es ist ein Fest mit Singen und Tanzen. Auch in China gibt es einen Ahnenkult mit einem jährlichen Totenfest, das Fest des „Hellen Lichtes". An diesem Tag gedenkt man der Toten, versorgt die Gräber, die Familien treffen sich zu Spaziergängen. Es findet im April statt, der Zeit des zurückkehrenden Frühlings, in dem die Natur ihre volle Lebenskraft zum Ausdruck bringt. Mit solchen Totenfesten wird der Toten jedes Jahr gedacht, sie werden dadurch in Erinnerung behalten und gleichzeitig wird eine Verbindung zwischen dem Leben und dem Tod hergestellt.

In vielen östlichen Kulturen gibt es Totenbücher, die den Menschen eine Hilfe sind, sich mitten im Leben mit dem Tod und der geistigen Welt auseinander zu setzen, um sich so auf ein Weiterleben im Jenseits vorbereiten zu können. Aber auch zahlreiche im Westen bekannte Dichter, Mystiker, Religionsführer und Heilige erzählen uns in ihren Schriften und Lehren vom Tod. Die großen Dichter Dante, Goethe oder Novalis, der Philosoph Sokrates und die Mystiker Jakob Böhme und Gustav Theodor Fechner, - um nur einige zu nennen - sie alle haben durch Intuition oder Visionen Einblicke in die Reiche des Todes bekommen und wollen uns vermitteln, dass es ein Weiterleben auf geistiger Ebene gibt. Leider aber verschließen wir aus lauter Angst Augen und Ohren vor diesen Hinweisen.

Was hindert uns daran, uns aufzumachen und die Wirklichkeit, den Tod und das Leben zu erforschen? Warum scheuen wir die Auseinandersetzung mit diesen Themen und ziehen es stattdessen vor, mit dem Tod einen ungewissen Bereich zu betreten? Die Angst vor Tod und Sterben beruht auf Unwissenheit. Schauen wir dagegen genauer hin, können wir Erkenntnis über den Tod erlangen und die Angst kann verschwinden.

Als Kommentar zu meiner Arbeit und meinen Seminaren über „Tod und Sterben" hörte ich oftmals: „Ach, mit dem Tod will ich mich jetzt nicht befassen, ich muss mich erst einmal ums Leben kümmern!" Solche Sätze verdeutlichen, wie sehr wir aus lauter Furcht den Tod aus unserem Leben ausgegrenzt haben; hier ist das Leben – dort, weit hinten, ist der Tod. Aber zwischen Tod und Leben gibt es keine Trennung. Tod und Leben sind eng miteinander verbunden. Das Leben in seiner Ganzheit schließt den Tod mit ein.

Es wäre wichtig und hilfreich für uns, bereits jetzt damit zu beginnen, das Sterben zu „üben", damit wir - wenn es soweit ist und wir den Körper verlassen - den

Weg in das Licht der geistigen Welt möglichst schnell finden. Das „Sterben üben" hört sich im ersten Augenblick vielleicht seltsam an; doch wenn wir achtsam sind, wenn wir das Leben um uns herum sorgsam wahrnehmen, beobachten und erspüren, dann begegnet uns im Alltag vieles, das uns den Tod und das Sterben lehrt.

Die Vergänglichkeit des Lebens zeigt sich uns in jedem Augenblick. Das „Gestern" ist gestorben, der gestrige Tag ist vorüber und wird niemals wiederkommen. Kaum ist eine Stunde, eine Minute oder auch nur eine Sekunde vorübergegangen, ist sie unwiderruflich vorbei. Dieses „Jetzt hier, in diesem Augenblick" ist gestorben in demselben Moment, in dem wir es gesagt oder gedacht haben. Der Augenblick von eben ist endgültig vorbei. Er wird nie mehr wiederkommen. Der Verstand weiß um diese Tatsache, doch machen wir uns diese alltägliche Vergänglichkeit selten bewusst. Wir leben und sterben von einem Augenblick in den nächsten. Sobald man sich jedoch in solch einen Augenblick bewusst hineinbegibt, spürt man, dass Geburt und Tod „eins" sind. Es gibt keine Trennung zwischen beidem: Der „Tod" des einen Augenblicks bedingt die „Geburt" des nächsten und umgekehrt.

Genau in dem „Hier und Jetzt" dieser Augenblicke findet das Leben statt. Im „Jetzt" sein bedeutet, die ganze Aufmerksamkeit und Wahrnehmung auf das momentane Tun und Sein zu legen, ohne mit den Gedanken in die Zukunft oder die Vergangenheit abzuschweifen. Es heißt, ganz wach in der Gegenwart zu sein und sich voll und ganz auf jeden einzelnen Augenblick einzulassen.

Tatsächlich befinden wir uns mit unserer Wahrnehmung aber selten in diesem „Hier und Jetzt". Wir sind mit unseren Wünschen und Gedanken meist entweder in der Vergangenheit oder in der Zukunft, so dass wir die gegenwärtigen Augenblicke des Lebens verpassen. Egal was wir gerade tun, die Gedanken schwirren umher und wir nehmen selten bewusst wahr, wie und wo wir im Augenblick leben. Aber nur der bewusst gelebte Augenblick ist ein erfüllter Augenblick, und solange wir das Leben nicht wirklich bewusst leben und voll auskosten, werden wir nicht erfüllt sein, sondern immer in der Vergangenheit nach Erfüllung suchen oder diese in der Zukunft erwarten. Wenn wir nicht lernen, ganz im „Hier und Jetzt" zu sein, so dass wir am Ende auf ein „erfülltes Leben" blicken können, wird es uns beim Sterben eher schwer fallen, das Leben auf dieser Erde zu verlassen.

Das Verlassen des irdischen Körpers ist ein Prozess, den wir - genauer betrachtet - tagtäglich durchleben: Jeden Abend, wenn wir schlafen gehen, erleben wir ein Sterben. Beim Einschlafen vollzieht sich eine Bewusstseinsveränderung in uns. Wir erleben es als „Einschlafen". In Wirklichkeit „stirbt" jedoch unser Tages-Bewusstsein. Wir verlassen den physischen Körper und erwachen in verschiedenen neuen Zustandsebenen mit völlig neuer Wahrnehmung, in der die Grenzen von Zeit und Raum aufgelöst sind. In der geistigen Welt angekommen, verarbeiten wir den vergangenen Tag und planen den neuen. Das

Verlassen des physischen Körpers und der Zustand, der uns auch im Tod wieder begegnet, sind uns durch den Schlaf eigentlich sehr vertraut, aber wir nehmen die Erinnerung daran nicht mit in unser physisches Bewusstsein hinüber. Am Morgen wachen wir auf und wissen nichts mehr von dem nächtlichen Tätig-sein. Wir können uns diese Bewusstseinsveränderung so vorstellen, als würden wir beim Einschlafen die Tür eines mehrstöckigen Hauses öffnen, die Schwelle als Grenze der alltäglichen Welt überschreiten und die Tür zur irdischen Welt hinter uns schließen. Nun steigen wir die Treppe in diesem Haus, unserem „geistigen Zuhause", hinauf von einem Stockwerk zum nächsten, bis wir auf der für uns höchsten Ebene angelangt sind. Beim Weg zum Aufwachen steigen wir wieder hinunter, öffnen die Tür zur irdischen Welt, treten hinaus und schließen das Tor zur geistigen Welt hinter uns. Häufig erinnern wir uns an das Erlebte der unteren Stockwerke – an einen Traum. Das Bewusstsein der höheren Stockwerke in die irdische Welt mit hinüberzunehmen gelingt uns dagegen in selteneren Fällen. Diese „Träume" aus höheren Ebenen sind klarer; wir empfinden sie als wirklicher, und meistens sind diese Erlebnisse mit Licht- oder Himmelswelten, spirituellen Meistern, Lichtwesen oder verstorbenen Angehörigen verbunden, die uns etwas vermitteln wollen. Darüber hinaus gibt es Menschen, die mit ihrem Höheren Bewusstsein eng verbunden sind und keinen Unterschied zwischen dem Wach- und dem Schlafbewusstsein erleben. Bei klarem Bewusstsein gehen sie durch die Tür des Hauses, überschreiten die Schwelle zur geistigen Welt und kehren weiterhin bewusst beim Aufwachen wieder durch die Tür zurück in die irdische Welt.

Den Wandlungsvorgang beim „Sterben" können wir uns symbolisch gesehen mit den gleichen Bildern vorstellen. Alice Bailey, die die Lehren des "Tibeters" medial empfangen und in Bücher gefasst hat, beschreibt es mit folgenden Worten:

„Aber der Vorgang des täglichen Schlafen-gehens und der Vorgang des gelegentlichen Sterbens sind identisch, mit dem einen Unterschied, daß im Schlaf der magnetische Faden oder Energiestrom, an dem die Lebens-kräfte entlang laufen, unversehrt bleibt und der Weg der Rückkehr in den Körper ist. Im Tode ist dieser Lebensfaden gebrochen oder abgerissen. Wenn das geschehen ist, kann die bewusste Wesenheit nicht mehr in den grob-physischen Körper zurückkehren, und dieser Körper, dem nun das Zusammenhalte-prinzip fehlt, zerfällt und löst sich auf."[1]

Vor der Bewusstseinsveränderung, die wir „Schlaf" nennen, haben wir keine Angst. Vor der Bewusstseinsveränderung „Tod" aber fürchten sich viele Menschen. Dabei müssten uns beide Zustände gleichermaßen vertraut sein, denn wir erleben den Wechsel in beide Zustände immer und immer wieder, nur in unterschiedlichen Zeitspannen. Die kürzere Zeitspanne haben wir im Tag-Nacht-Rhythmus. Morgens erwachen wir in das Tages-Bewusstsein, nehmen die Verbindung des letzten Tages wieder auf

---

[1] Alice A. Bailey, Esoterisches Heilen, S. 483

und leben unser Leben auf Erden weiter. Abends nach dem Einschlafen bzw. dem Erwachen in der geistigen Welt, verbinden wir uns wieder mit dem geistigen Leben.

Ein Kreislauf, der sich in einer größeren Zeitspanne abspielt, beginnt mit unserer Geburt auf der Erde. Wir erwachen, leben unser weltliches Leben und werden schließlich im „Tod" wieder in die geistige Welt hinein geboren, um die Verbindung des Lebens dort wieder aufzunehmen, das vergangene Erdenleben zu verarbeiten und das nächste mit neuen Zielen vorzubereiten. Dieser Kreislauf schließt sich, wenn wir nach einer gewissen Zeit wieder in der irdischen Welt erwachen und hier eine neue Rolle einnehmen - ein Vorgang, der sich so lange wiederholt, bis wir den Kreislauf von Geburt und Tod erlöst haben.

Es ist nicht nur wichtig, vor dem Sterben die „unerledigten Geschäfte" des Lebens abzuschließen, sondern es ist ebenso hilfreich, bereits jeden Abend vor dem Schlafengehen die unerledigten Geschäfte des Tages gedanklich zu verarbeiten. In beiden Fällen ist dies wichtige Voraussetzung, um loslassen zu können, damit wir frei in die geistige Welt eintauchen und den nächsten Morgen bzw. das nächste Leben wieder ganz neu und unbelastet beginnen.

Eine gute, konstruktive Übung um unser Tageserleben zu verarbeiten ist, den Tag vor dem Einschlafen noch einmal „Revue passieren" zu lassen und uns neutral und ohne jegliche Bewertung anzuschauen, welcher Sinn sich hinter dem Tagesgeschehen und den

Erlebnissen verbirgt und was wir daraus lernen können. Dabei sollten wir keinen Widerstand leisten gegen das, was sowieso nicht mehr zu ändern ist, sondern jeden Tag so annehmen, wie er war. Selbst unangenehme Erlebnisse oder Fehler können wir annehmen, indem wir dabei liebevoll mit uns umgehen, uns keine Vorwürfe wegen der Fehler machen, uns nicht schuldig fühlen oder gar Anderen Schuld zuweisen. Solch ein Rückblick bietet uns auch die Gelegenheit, uns in Gedanken noch einmal an die Menschen zu wenden, denen wir tagsüber begegnet sind, um ihnen zu danken, sie um Verzeihung zu bitten, wenn wir sie verletzt haben oder ihnen die Verletzung zu verzeihen, die sie uns vielleicht zugefügt haben. Wir können uns auch selbst verzeihen, sollten wir uns selbst verletzt, unter Druck gesetzt oder uns nicht liebevoll so angenommen haben wie wir sind.

Wenn wir das Erlebte und Erlittene vor dem Schlafengehen auf diese Art abschließen, hat jeder Tag seinen Sinn erfüllt und wir gehen befreit und friedvoll in die geistige Welt, um dort Kraft zu sammeln für den neuen Tag - und werden erfrischt und ausgeruht am nächsten Morgen aufwachen. So stellt jeder Tag eine abgeschlossene Lebenseinheit dar, die morgens begonnen und abends abgeschlossen wird, ohne dass wir die schweren Problempakete von einem Tag zum anderen mit uns herumschleppen müssen.

Am Ende unseres Erdenlebens können wir dann auf ein erfülltes Leben, in dem wir jeden Tag bewusst wahrgenommen haben, zurückschauen und es leichter loslassen.

Mag der Tod uns dann auch plötzlich überfallen, so trifft er uns doch nicht unvorbereitet, denn die unerledigten Geschäfte sind bereinigt, und wir können befreit den Weg ins Licht antreten. Und wenn wir diese Befreiung im Laufe unserer vielen Erdenleben schließlich vollständig erreicht haben, werden wir den Kreislauf von Geburt und Tod überwinden und endgültig ins Licht eintreten können.

Eine Zeit in unserem Leben, die uns mit der Vergänglichkeit konfrontiert, sind die Wechseljahre, die von den Frauen deutlicher erlebt werden, obwohl auch die Männer davon betroffen sind und der Sinn für beide gleich ist.

Der Umgang mit den Wechseljahren in unserer Gesellschaft zeigt auch hier, wie schwer es uns fällt „Altes" loszulassen, sterben zu lassen und in eine neue Rolle zu „wechseln".

In den Wechseljahren machen Körper und Psyche eine Umwandlung durch, um sich auf den nächsten Lebensabschnitt einzustellen. Besonders die körperliche Umstellung wird heute oftmals wie eine Krankheit behandelt. Aber die Wechseljahre sind ebenso wenig eine Krankheit, wie zum Beispiel die Zeit der Pubertät eine Krankheit ist. Es handelt sich vielmehr bei beiden Zuständen um eine Umwandlung. Viele Frauen nehmen heutzutage Hormontabletten ein, um gegen diesen Wechsel einzuschreiten. So bleibt alles beim Alten, es braucht sich scheinbar nichts zu wandeln. Es zeigt uns, dass wir versuchen, jede Veränderung zu verdrängen, die einen Seins-Zustand hervorruft, der gesellschaftlich nicht unseren Idealen von „jung und dynamisch" entspricht.

Folglich sind die Wechseljahre in unserer Gesellschaft negativ besetzt. Sie bedeuten, dass wir alt werden, zum „alten Eisen" gehören, nicht mehr „fruchtbar" und attraktiv sind. Dabei ist gerade dies die Zeit, in der wir die Früchte der Erfahrungen, die wir in unserem Leben angesammelt haben, ernten und diese Schätze der Gesellschaft zurückgeben können. Für eine Frau ist es erst einmal schwierig, sich mit ihrer Rolle einer „Frau in der 2. Lebenshälfte" zu identifizieren. Sie muss sich nun mit dem Alter auseinandersetzen. Alte Menschen finden jedoch bei uns generell wenig Anerkennung. Deshalb versuchen viele ihr Alter zu vertuschen und zu verbergen. Alte „weise" Menschen, die den jüngeren als Vorbild dienen könnten, tauchen in unserem gesellschaftlichen Bild eher selten auf.

Auch wenn wir in der heutigen Zeit versuchen, diese Zeit des Wechsels in eine neue Rolle zu ignorieren bzw. künstlich hinauszuzögern, sollten wir uns den eigentlichen Sinn der Wechseljahre wieder bewusst machen: Damit die reife, erfahrene und weise Frau (beim Mann entsprechend der weise Mann) in uns geboren werden kann, müssen wir bereit sein, die Identifikation mit dem jungen, dynamischen Frauenbild/Männerbild „sterben" zu lassen.

Im Alter nimmt das aktive „äußere Leben" im Allgemeinen ab. Die Kraft des Geistes und des Herzens - des inneren Lebens - nimmt dagegen zu. Der Mensch reift zur Ganzheit heran, wird vollständig, geht auf den

Höhepunkt, auf die Blüte seines Lebens zu. Mit den Erfahrungen, die er in seinem Leben angesammelt hat und die sich nun zu Weisheit entwickelt haben, kann er den jungen Menschen als Zuhörer und Ratgeber für ihre Sorgen und Nöte hilfreich zur Seite stehen. Bei den indigenen Völkern und in anderen alten Kulturen wurde das Alter immer auch mit Weisheit und Gelehrtheit in Verbindung gebracht. Den alten Menschen begegnete man hier voller Ehrerbietung und Achtung und man suchte sie als Ratgeber auf.

Die Rolle des alten Menschen, die wir alle (wenn wir nicht schon vorher aus dem irdischen Leben herausgezogen werden) eines Tages einnehmen werden, sollte von uns völlig neu definiert und gestaltet werden. Denn das Problem ist nicht das Alter, sondern die Art und Weise, wie wir ihm begegnen.

Wenn wir gelernt haben, mit dem Fluss des Lebens mit zu fließen, anstatt uns gegen die Wandlungen und Wechsel aufzulehnen, können wir nicht nur bis zum Schluss ein erfülltes sinnvolles Leben erfahren, sondern werden auch den Wandel von der irdischen in die geistige Welt leichter annehmen können.

Auch die Natur zeigt uns durch ihren Rhythmus das Sterben und Geborenwerden. Die welke Frucht trägt den Samen für den neuen Anfang in sich. In unseren Regionen zieht sich das Wachstum der Pflanzenwelt im Winter zurück. Für uns scheinen die Pflanzen damit einen Stillstand, einen Tod zu erleben. Tatsächlich bereitet sich die Pflanzenwelt - im für uns unsichtbaren Bereich unter der Erde, im Wurzelbereich - aktiv auf ihre Neugeburt im Frühjahr vor. Das gleiche geschieht in der Tierwelt, wenn sich etwa eine Raupe verpuppt und während ihrer Verwandlung wie tot und erstarrt aussieht, bis sie endlich als wunderschöner Schmetterling wiedergeboren wird.

So ist alles in einem lebendigen Wandel. Tod ist Geburt, Geburt ist Tod. Es ist nur eine Wandlung in einen anderen Zustand. Alles hat seine Bestimmung und seine Ordnung.

Früher hatten die Menschen einen viel direkteren Bezug zu den Naturgesetzen. Wir haben dieses Wissen verloren, weil wir die Natur zu wenig anschauen, sie nicht mehr genügend wahrnehmen. Demzufolge sind wir abgeschnitten von einem wichtigen Teil des Lebens. Damit wir wieder „eins" werden, uns wieder verbunden fühlen mit dem Leben, müssen wir die Gesetze und die Ordnung der Natur wieder beachten und unser tägliches Leben in sie einbinden.

Innerhalb eines Jahreskreislaufs erleben wir die unterschiedlichen Stadien des ständig wiederkehren- den Lebens. Im Herbst färben sich die Blätter, fallen von den Bäumen, und das Sonnenlicht zieht sich täglich mehr und mehr zurück: Die dunkle Jahreszeit beginnt. Gleichzeitig steht die Sonne im Sternzeichen des Skorpions. (Astrologisch gesehen trägt jeder von uns dieses Prinzip in sich, so wie alle 12 Prinzipien der Tierkreiszeichen in jedem Horoskop vorhanden sind). Der Skorpion symbolisiert das „Stirb und Werde", das Loslassen, um neu geboren zu werden. Weil es mit dem Sterben und dem Dunklen zu tun hat, ist es das

Tierkreiszeichen, welches am meisten mit Angst behaftet ist und häufig verachtet wird. Aber gerade in der Kraft des Skorpions liegt die Möglichkeit, die dunklen verborgenen Anteile aus den Tiefen unseres Inneren an die Oberfläche zu holen, damit wir sie erkennen und in Licht umwandeln können. Wir haben die Wahl, ob wir diese Kraft in uns nutzen, oder ob wir sie aus Angst verdrängen - wobei uns dann der Weg ins Licht versperrt bleibt. Ohne das Sterben des Alten ist das Geborenwerden von etwas Neuem nicht möglich.

Wenn wir unser tägliches Wollen und Handeln in Einklang mit den Gesetzen der Natur bringen, zeigt uns jede Jahreszeit einen Teil unseres Lebensweges. So bietet uns die Zeit des Herbstes die Möglichkeit, das Sterben, bzw. das Loslassen zu üben, so wie auch die Bäume ihre Blätter „sterben" lassen. Es ist dies die Zeit, die uns symbolisch durch die Dunkelheit, durch den „Tod" führt, damit wir danach geläutert im Licht wiedergeboren werden können. Aber diese Chance lassen wir oft ungenutzt an uns vorübergehen. Die meisten Menschen lehnen die dunkle Zeit in ihrem Leben ab. Sie wollen nicht loslassen, das Alte nicht sterben lassen.

Betrachten wir nur einmal den Totensonntag, der uns ja an Vergänglichkeit und Tod erinnern soll. Dieser Tag und die dunkle Jahreszeit in der er liegt, weisen uns darauf hin, dass wir die äußere materielle Welt „sterben" lassen und uns stattdessen in die Innenwelt zurückziehen sollen, um dort nach dem Licht, dem ewigen Leben Ausschau zu halten. Heutzutage aber versuchen wir, die dunkle Zeit „des Sterbens" zu umgehen. So kehrt zum Beispiel bereits vor dem Totensonntag die äußere Lichterwelt mit den vielen Lichterketten in die Fenster der Geschäfte und der Häuser ein. Wir hängen die Lichter schon hinaus, bevor wir den Weg durch die Dunkelheit gegangen sind. Ohne zu „sterben" - ohne die äußere Welt loszulassen und uns der Innenwelt zuzuwenden - kann das Licht aber nicht im Innern geboren werden. Deshalb sollten wir auch erst nachdem wir die dunkle Zeit angenommen haben, uns wieder dem Licht zuwenden und die Lichtwelt symbolisch im Außen manifestieren.

Die Totenfeste liegen alle im Monat November, in der dunklen Jahreszeit. Mit ihnen wird auch der christliche Jahreskreis beendet. Danach, mit dem Advent, fängt ein neuer Zyklus des Christusjahres an und die Sonne zieht vom Tierkreiszeichen Skorpion (dem Stirb und Werde) in das Sternzeichen Schütze ein (Schütze symbolisiert das innere geistige Licht, das seiner Geburt nach außen - zu Weihnachten - zustrebt).

Im Christentum wird die beginnende Adventszeit durch EIN Licht symbolisiert, das in der Zeit bis zum Heiligen Abend immer mehr an Größe gewinnt, indem wir weitere Lichter anzünden. Der Advent will uns aufrufen, uns aus der äußeren geschäftigen Zeit soweit wie möglich zurückzuziehen, um uns das Geistige im Innern ins Gedächtnis zu rufen. Die meisten von uns wenden sich jedoch in dieser Zeit, wie zu keinem anderen Zeitpunkt im Jahr, der äußeren Welt zu, sind voller Stress und Hektik, laufen durch die Geschäfte und kaufen, was dort in voller Pracht angeboten wird.

Die Zeit vor dem großen Fest wird oft zur Last. Wir haben vor lauter Vorbereitungen keine Zeit für das eigentlich Wesentliche und verschließen dadurch eher unsere Herzen, anstatt der Aufforderung der Adventszeit zu folgen, unsere Herzen zu weiten und zu öffnen; „Machet die Tore weit...", damit das Göttliche Licht, zu Weihnachten in unser Herz einziehen kann.

Tod als Höhepunkt des Lebens

In unserem westlichen Kulturraum haben wir üblicherweise eine sehr materielle Sichtweise, durch die wir möglichst alles rational erfassen wollen und nur an das glauben, was wir sehen und greifen können. Demzufolge sind wir geprägt von der Auffassung, dass der Tod das Ende jeglichen Lebens sei und nehmen bei einem Verstorbenen auch nur die äußere Körperhülle wahr, die zurück bleibt, verbrannt wird oder sich nach der Bestattung auflöst. Dann ist für uns das Sichtbare – und damit der Mensch - verschwunden und zurück bleibt „Nichts".

Wenn wir im Tod jedoch nicht das dunkle Ende sehen wollen, müssen wir bereit sein umzudenken. Machen wir uns auf den Weg, das Mysterium Tod und Leben zu erforschen! Dann können wir dem Ende unseres Erdenlebens ohne Angst entgegensehen und in ihm vielleicht den Höhepunkt des irdischen Daseins erkennen, die Blüte, die unser Leben krönt.

Wenn wir versuchen, die letzten Stunden unserer Lebensreise so weit wie möglich bewusst mitzuerleben, könnten es die wichtigsten Momente des Lebens überhaupt sein. Selbst in den letzten Minuten haben wir noch die Möglichkeit, wichtige Erkenntnisse und Erfahrungen zu machen. Sterben kann „aktiv", im Sinne von „bewusst" erfahren werden.

Der Großteil der Menschen geht davon aus, dass man die Zeit vor dem Tod mit Krankheit und Schmerzen im Bett verbringt (ausgenommen natürlich bei einem plötzlichen Tod). Dass es auch anders möglich ist, habe ich durch einen mir nahestehenden Freund erleben dürfen. Ihm wurde im Alter von 87 Jahren die Nachricht übermittelt, dass er Krebs habe und nachdem er sich fast ein Jahr lang einer Chemotherapie unterziehen musste, wurde ihm mitgeteilt, dass er nicht mehr lange zu leben habe. Diese Nachricht musste er erst einmal verdauen, bis er sicher und vertrauensvoll zu mir sagte: „Ich habe in meinem Leben schon so viel durchgemacht, ich werde auch das Sterben bewältigen!" Und so begann eine intensive Zeit der bewussten Verarbeitung seiner Situation: Abschied nehmen vom diesseitigen Leben und von lieben Menschen, das sich Einstimmen in sein zukünftiges Leben in der geistigen Welt mit all den damit verbundenen Ängsten und das Bewältigen der auftretenden Schmerzen und der Atemnot. Es wurde nichts an Auseinandersetzung ausgespart, keine unangenehmen und schmerzhaften Gefühle verdrängt. Und dennoch ist dieser Mann Tag für Tag am Morgen aufgestanden, hat bis auf wenige seiner letzten Tage seine körperlichen Übungen gemacht und Klavier gespielt – nicht einen Tag davon hat er im Bett verbracht – bis ihn eines Tages auf dem Weg zu seinem Musikzimmer, gestützt von einem Helfer, die Kraft verließ und er seinen letzten Atemzug tat.

Diese Art des Sterbens, die von der Nachricht des nahe bevorstehenden Todes bis zum letzten Atemzug etwa vier Monate dauerte, hat mich sehr beeindruckt und in mir eine Änderung meiner festgelegten Vorstellung über das Sterben bewirkt. In dem intensiven Abschiednehmen hat sich gleichzeitig die ganze Fülle des Lebens offenbart.

Auch Marie Métrailler beschreibt in ihrem Buch „Die Reise der Seele" die Aktivität der Bergbauern aus der Schweiz bis zu ihrer letzten Lebensstunde: „Früher starben hier die Leute stehend. Sie achteten nicht auf Alarmzeichen. Gingen zur Arbeit, und, nun ja, wenn dann der Augenblick zu sterben kam, setzten sie sich hin, legten sich nieder. Aus. Ja, sie starben aufrecht, im wahrsten Sinne des Wortes."[1]

Heute dagegen ist Sterben mit Krankheit gleich gesetzt und es beschleicht uns Angst vor dem dusteren Lebensende. Wir fürchten uns vor dem Unbekannten, bzw. vor dem Loslassen des Bekannten, uns Vertrauten und davor, nach dem Sterben nicht mehr zu existieren.

Dass der Tod, aus einem anderen Blickwinkel angeschaut, jedoch nicht das erschreckende Ende für uns ist, sondern eine Neugeburt ins Licht, wird immer wieder von den unterschiedlichsten Menschen beschrieben. Der Psychoanalytiker C.G. Jung schreibt dazu:

„Von außen gesehen, und solange wir außerhalb des Todes stehen, ist er von großer Grausamkeit. Aber sobald man drinsteckt, erlebt man ein so starkes Gefühl von Ganzheit und Frieden und Erfüllung, dass man nicht mehr zurückkehren möchte."

Rudolf Steiner schreibt über das Sterben:

---

[1] Marie Métrailler, Die Reise der Seele, S. 28

„Wenn der Tod etwas Schreckhaftes haben kann, so ist es nur deshalb, weil er hier gesehen wird als eine Auflösung gewissermaßen, als ein Ende. Von der anderen Seite, von der geistigen Seite her, wenn zurückgeschaut wird zum Moment des Todes, erscheint der Tod immerfort als der Sieg des Geistes, als das Heraus-sich-Winden des Geistes aus dem Physischen. Da erscheint er als das größte, herrlichste, als das bedeutsamste Ereignis.".[1]

Alice A. Bailey schreibt von Befreiung:

„Es gibt keinen Tod. Es gibt, wie ihr wißt, den Eintritt in ein reicheres Leben. Es gibt Befreiung von den Beeinträchtigungen der fleischlichen Hülle.".[2]

Wenn wir all diese Beschreibungen verinnerlichen, könnten sie uns beruhigen und die Angst vor dem Tod nehmen.

Und doch stellt sich uns eine große Frage: Warum müssen wir überhaupt sterben? Es muss doch einen Sinn, eine Erklärung geben, dass wir geboren werden, um dann wieder zu sterben? Vom Moment der Geburt an gehen wir auf den Tod zu. Wir können gar keinen anderen Weg gehen. Wie lang dieser Weg für jeden einzelnen ist, ist unterschiedlich, aber die Richtung und das Ziel sind für alle Menschen gleich. Jeder einzelne kämpft sich durch das Leben in einem steten Wechsel zwischen Freude und Leid, zwischen

---

[1] Rudolf Steiner, Über das Ereignis des Todes und Tatsachen der nachtodlichen Zeit, S. 15
[2] Alice A. Bailey, Esoterisches Heilen, S. 485

Ausweglosigkeit, Entmutigung und Hoffnung, zwischen Glauben und Zweifel, um am Ende zu sterben. Wozu das alles? Jesus sagt uns:

„Ich bin vom Vater ausgegangen und gekommen in die Welt; wiederum verlasse ich die Welt und gehe zum Vater."[1]

Daraus ergibt sich, dass auch wir letztlich danach streben, wieder „nach Hause" zu kommen - zu unserem „Vater". Wir wollen wieder „Eins" werden mit Gott! Unser wirkliches Leben findet in der geistigen Welt statt, dort ist unsere Heimat.

Das Leben hier auf der Erde dauert im Verhältnis zu unserem wirklichen Leben nur eine kurze Spanne. Die Geburt aus der geistigen Welt in die Erdenwelt ist ein schmerzlicher Abschied, ein Verlassen der himmlischen Heimat, die Trennung vom Licht und der Wärme. Aber nur hier auf der Erde ist es uns möglich, bestimmte Erfahrungen zu machen, die wir für unsere Weiterentwicklung benötigen.

Das Leben auf der Erde lässt sich mit der Schulzeit vergleichen, in deren Verlauf wir in verschiedenen Klassen unsere Lektionen lernen. Und am Ende der Schulzeit steht als Höhepunkt eine festliche Abschlussfeier. Wir bekommen ein Zertifikat überreicht, wir verabschieden uns von den Lehrern und Mitschülern, wir lassen die Schulzeit noch einmal Revue passieren - und dann legen wir die Schuluniform ab und treten in einen neuen Lebensabschnitt ein.

---

[1] Joh. 16,28

Jeder Abschied ist mit Gefühlen der Trauer verbunden. Dennoch können wir es mit unserem Lebensende genauso machen und den festlichen Abschluss des Lebens mit unserer Familie und unseren Freunden, die uns hier auf Erden begleitet haben, selbst gestalten und uns bewusst von ihnen verabschieden. Die Reihenfolge ist vielleicht anders als beim Schulabschluss, aber auch hier gibt es nach dem Ablegen der körperlichen Hülle ein „Revue-passieren-Lassen" des Lebens, mit einer Art Zertifikat, das uns erkennen lässt, was wir „gut" und was wir „schlecht" gemacht haben. Danach treten wir in ein neues Leben auf einer anderen Ebene ein. Auf dem spirituellen Weg ist es wichtig zu erkennen, dass wir nicht unser Körper, sondern geistige Wesen sind, die vom Kreislauf Leben und Tod in Wahrheit nicht betroffen sind. Wir sind Geistwesen, die zu verschiedenen Zeiten unterschiedliche Körper benutzen, um hier im Irdischen Erfahrungen zu sammeln und uns dabei weiter zu entwickeln. Solange wir den Tod bedrohlich finden, haben wir diese Tatsache noch nicht verinnerlicht.

Wir haben die Wahl, wie wir den Tod bewerten wollen, ob wir ihn verachten, unheimlich und schrecklich finden und dadurch ein Leben voller Angst verbringen. Oder ob wir uns mit dem Tod auseinandersetzen und dadurch seinen Sinn erfassen, seine Großartigkeit und Erhabenheit kennen lernen und somit jeden Tag mit Vertrauen und Freude ausfüllen können.

Jederzeit haben wir die Möglichkeit, unsere Einstellung zum Tod zu ändern, und anstatt mit Bedauern auf das Ende des Lebens zu schauen, können wir das

Leben als eine Wachstumsphase ansehen, in der etwas wächst und heranreift, sich weiter entwickelt und beim Sterben die reife Frucht trägt - die Erfüllung des Lebens.

Der Sänger Ludwig Hirsch drückt diese Erfüllung in seinem Lied „Komm großer schwarzer Vogel" so aus:

„Komm großer schwarzer Vogel, komm jetzt!
Schau, das Fenster ist weit offen (...) komm zu mir!
Spann' deine weiten sanften Flügel aus und leg's auf meine Fieberaugen!
Bitte hol' mich weg von da!
Und dann fliegen wir rauf, mitten in' Himmel rein
- in a neue Zeit   - in a neue Welt
und ich werd' singen, ich werd' lachen,
ich werd' "das gibt's net" schrei'n,
weil ich werd' auf einmal kapieren, worum sich alles dreht.
(...) Ich werd' endlich kapieren! Ich werd' glücklich sein!"

Ich bin nicht mein Körper

Ein Teil der Angst vor dem Tod kommt sicherlich daher, dass wir uns mit dem physischen Körper identifizieren. Wir halten uns für diesen Erdenkörper und fürchten zu sterben, wenn der Körper stirbt. Wenn wir jedoch den Heiligen Schriften der verschiedenen Religionen Glauben schenken wollen und dem, was die vielen Mystiker, Dichter und Heiligen auf der ganzen Welt geschrieben und ausgesagt haben, können wir davon ausgehen, dass wir mehr sind als der physische Körper.

Zum Beispiel in der Bhagavad Gita (Heilige Schrift des Hinduismus, die ein Zwiegespräch zwischen Gott Krischna und seinem Jünger Arjuna beschreibt), heißt es:

„Der Erhabene sprach:
Begrenzte Körper haben ein Ende.
Aber Jenes, das den Körper besitzt und verwendet,
ist unendlich, unbegrenzbar, ewig, unzerstörbar.
Die Seele wird nicht geboren und stirbt auch nicht.
Sie ist auch kein Ding, das nur ein einziges Mal ins Sein eintritt und, wenn sie abgeschieden ist, nie mehr ins Sein kommen wird.
Die Seele ist ungeboren, uralt, immer dauernd.
Sie wird nicht erschlagen, wenn der Körper erschlagen wird.
Die verkörperte Seele wirft ihre alt gewordenen Körper ab und geht in neue Körper ein, so wie ein Mensch zerschlissene Kleider gegen neue wechselt.

Dieser Bewohner im Körper eines jeden Menschen ist ewig und unzerstörbar."[1]

In der christlichen Bibel steht:

„Oder wisset ihr nicht, dass euer Leib ein Tempel des heiligen Geistes ist, der in euch ist, welchen ihr habt von Gott, und seid nicht euer eigen? (...) darum so preiset Gott an eurem Leibe."[2]

Der irdische Körper weiß nichts, fühlt nichts, denkt nichts. Er ist eine Hülle, aufgebaut und erhalten durch die geistige Kraft und die Nahrung, die wir zu uns nehmen. Wir können nicht einmal sagen, dass unser Körper stirbt, weil er im eigentlichen Sinn gar nicht lebt. Genauer ausgedrückt wird der Körper durch uns belebt. Er wächst im Laufe unseres Erdenlebens bis zu einem bestimmten Punkt und wenn wir ihn verlassen, zerfällt er wieder. Wir selbst, als unbegrenzte Seele, die wir in diesem Körper leben, sind davon nicht betroffen. Wir bleiben weiterhin bestehen. Unsere Sprache drückt es ganz richtig aus: Es ist mein Körper. Also bin Ich der Besitzer dieses Körpers und nicht der Körper selbst.

Wir glauben ja auch nicht, dass unser Auto lebt, nur weil wir darin sitzen und es durch Gasgeben zum Fortbewegen bringen. Wir sind es, die es benutzen. Die Hupe des Autos hupt, die Scheibenwischer bewegen sich, das Auto fährt rechts, links, langsam, schnell - oder bleibt stehen, ganz wie wir es dirigieren. Dasselbe

---

[1] Die Bhagavadgita Kap. 2, Vers 18,20,22,30
[2] 1. Kor. 6,19-20

geschieht mit unserem Körper: Die Beine bewegen sich zum Laufen, der Mund öffnet sich zum Essen, die Hand streckt sich zum Geben und Nehmen aus, ganz so, wie wir den Willensimpuls dazu geben. Folglich ist auch der Körper, wie das Auto, ein Instrument das wir zu unserem Nutzen gebrauchen können. Indem wir die Gliedmaßen des Körpers benutzen, können wir uns in der Welt bewegen und Dinge ergreifen. Ebenso ist es uns möglich die Sinnesorgane zu gebrauchen, beispielsweise die Augen zum Sehen und die Ohren zum Hören. Die Augen selbst sehen nicht, die Ohren hören nicht. Aber wir können sie als „Werkzeuge" nutzen, um als geistige Wesen die Umwelt wahrzunehmen. Dasselbe gilt für das Gehirn, durch das unsere Gedanken konkret werden, für den Kehlkopf, der uns zur Verfügung steht, um uns anderen sprachlich mitzuteilen oder für das Zwerchfell, das sich hebt und senkt, um Luft in den Körper einzusaugen und sie wieder auszustoßen. All das sind rein körperliche Funktionen, die uns Geistwesen helfen, hier auf der Erde zu leben und zu handeln.

Verlassen wir den physischen Körper, können weder die Augen sehen noch die Ohren etwas hören. Aber uns – als geistige Wesen – ist es nach dem Verlassen der irdischen Sphäre weiterhin möglich, ohne den physischen Körper zu sehen, zu hören, zu denken und zu fühlen - und das sogar noch klarer und direkter als wenn wir physische Organe als Vermittler benutzen.

Der Körper selbst ist eine Anhäufung von Knochen, Muskeln, Sehnen, Blut und Organen. Um uns bewusster darüber zu werden, dass wir geistige Wesen sind, können wir uns fragen: Bin ich die Knochen in meinem Körper? Bin ich das Fleisch, das Blut, die Organe, all die Ansammlung von Geweben? Wir werden das sicherlich alle verneinen können. Wir sind freie Wesen und nicht auf den Körper beschränkt.

Normalerweise jedoch „hängen" wir am Körper, weil wir uns mit ihm identifizieren. Wir glauben, auch wir gingen verloren, wenn der Körper stirbt und haben deshalb Angst ihn loszulassen. Elisabeth Kübler-Ross vergleicht den menschlichen Körper mit einem „Kokon samt seiner Larve", der uns als Haus dient. Das Sterben - das die Befreiung des Schmetterlings ist – beschreibt sie als ein „Umziehen in ein schöneres Haus".[1]

Selbst wenn der physische Körper nur ein „Kokon" und eine Ansammlung von Fleisch und Knochen ist, bedeutet das nicht, dass er nicht wichtig wäre. Wir dürfen ihn nicht vernachlässigen. Wir müssen für ihn sorgen, damit er uns als gesundes Gefäß und Werkzeug erhalten bleibt. Wir können uns auch an ihm erfreuen, ihn beispielsweise mit unserer Kleidung verschönern, ganz so, wie man auch einen Tempel schmückt, um das Göttliche in ihm zu preisen. Oder wie die Mystikerin Theresa von Avila sagte: „Tu deinem Leib etwas Gutes, damit die Seele Lust hat darin zu wohnen". Aber wir sollten dem Leib all das Gute tun in dem Bewusstsein, dass wir nicht der Körper sind. Wir sind in dem Körper und dürfen ihn benutzen, als eine Hilfe, hier in der

---

[1] Elisabeth Kübler-Ross, Über den Tod und das Leben danach, S. 9 und 10

irdischen Welt zu handeln und uns auszudrücken. Wir sind auf dieser Erde, aber nicht von dieser Erde!

Wir sind unendliche göttliche Wesen, ohne Zeit und Raum. Wenn wir auf der Erde inkarnieren und hier im Raum und in der Zeit wirken und handeln wollen, benötigen wir einen Körper als Gefäß, das uns Form und Halt gibt. Es ist ähnlich wie mit dem Wasser, das sich endlos ausbreitet, wenn man ihm nicht einen Halt durch ein Gefäß gibt.

Folglich können wir uns wohl vorstellen, dass das Geborenwerden auf der Erde als freie, unendliche Seele, einem „Eingepresst-werden" in ein Gefäß gleichkommt und wesentlich schwieriger und schmerzhafter ist als das Sterben - das eine Befreiung aus der engen Körperhülle bedeutet. Unter diesem Gesichtspunkt könnte der Tod eher Anlass zur Freude geben, anstatt zu Angst und Schrecken.

Die Körperhüllen

Unser Körper, den wir benötigen, um als geistige Wesen auf dieser Erde leben zu können, setzt sich - vereinfacht dargestellt - aus drei verschiedenen Körperhüllen zusammen, die sich in ihrer Stoffdichte unterscheiden. Dabei sind die einzelnen Hüllen nicht exakt voneinander abgegrenzt, sie fließen vielmehr ineinander über und wirken miteinander.

Der grobstoffliche Körper ist für uns alle sichtbar und wahrnehmbar. Er besteht aus verschiedenen Geweben, die wiederum aus den unterschiedlichen Zellen gebildet werden. Für unser Auge bilden die Zellen und unterschiedlichen Gewebe relativ feste Bestandteile und wir glauben, der sichtbare Körper sei etwas Statisches, umgeben von einer verhältnismäßig schützenden Haut. Tatsächlich ist der Körper, trotz seiner vorgegebenen Form, ein sich ununterbrochenes bewegendes, veränderndes Gebilde. Er ist in einem ständigen Prozess der Erneuerung und Umwandlung. Fortwährend sterben Millionen von Zellen ab und werden wieder neu aufgebaut. Jede einzelne Zelle wird in ihre Energieteilchen aufgelöst, aus denen wieder etwas Neues entsteht. Zellen produzieren neue Stoffe oder nehmen Stoffe in sich auf und scheiden verbrauchte wieder aus, sie werden zerlegt, analysiert und verarbeitet. All das wird bis ins Kleinste bewacht und gesteuert ohne jegliches bewusstes Zutun unsererseits. Durch Zellteilung und Zellabbau erneuern sich alle sechs Wochen die Zellen der Leber, alle drei

Monate ist ein Austausch der Knochenzellen vollzogen, und jeden Monat sind die Zellen der Haut erneuert. Demzufolge ist der Körper in einem ununterbrochenen Sterbeprozess und gleichzeitig wird er ständig neu geboren. Der Stoff des Körpers bleibt nie derselbe. Würde dieser fortwährende Wandlungsprozess nicht stattfinden, bliebe unser Körper völlig starr. Nur der ständige Prozess des Sterbens und Neugeboren-werdens der Körperzellen lässt den Körper beweglich und lebendig sein. Erst beim Tod des physischen Körpers endet der Erneuerungsprozess, der Aufbau der Zellen bricht ab, bestehen bleibt nur noch der Prozess des Abbaus.

Wir haben im Erwachsenenalter schon lange nicht mehr den Körper, den wir in der Kindheit hatten, und im Greisenalter nicht mehr den, den wir im jüngeren Erwachsenenalter besaßen. Die Körper von früher sind organisch gesehen schon längst tot. Allein unsere Erinnerungen an früher binden uns an den Körper von damals, woraus das Gefühl entsteht, wir besäßen immer denselben Körper. Schauen wir ein Foto von früher an, auf dem wir als Baby zu sehen sind; Wir können uns fragen: Bin das immer noch ich? Oder ist dieses Baby vergangen – längst „gestorben"? Wenn ich Babyfotos meiner inzwischen erwachsenen Kinder anschaue, muss ich feststellen – diese Babys sind „gestorben"! Nur in meiner Erinnerung kann ich zurück in die Vergangenheit blicken und „meine Babys" erwachen zum Leben. Das Wesentliche – das Innere, der Kern des Menschen jedoch ist über die Zeit hin erhalten geblieben.

Dennoch bleibt durch den formgebenden feinstofflichen Körper – dem Ätherkörper – die eigentliche Form des physischen Körpers erhalten – mit Ausnahme der Veränderungen durch das Wachstum. Dieser unsichtbare Ätherkörper durchdringt den sichtbaren grobstofflichen Körper, verleiht ihm dadurch seine sichtbare Form und regelt seine körperlichen Funktionen. Die Kraft dieser feinstofflichen Hülle beginnt bereits nach der Zeugung im Mutterleib, den physischen Körper aufzubauen, zu formen, zu gestalten und zu durchdringen.

Alice Bailey beschreibt den Ätherkörper als ein Netzwerk feiner Kanäle, die zu einer Art Schnur gebündelt sind und stellt diese als ein magnetisches Bindeglied zwischen dem physischen und astralen Körper (der dritten Körperhülle) dar. Diese „ätherische Schnur" reißt erst zur Zeit des Todes ab, wenn sich der Ätherleib wieder aus dem grobstofflichen Leib zurückzieht. Wir können uns den Ätherkörper wie ein Netz oder einen feinen Strumpf vorstellen, der um uns herum eng anliegt und dem physischen Körper damit die Form auferlegt. Dieses Netz könnte am oberen Ende mit einer Schnur verbunden sein (der Silberschnur), die hoch bis in die Geistwelt hineinreicht. Stirbt der Körper, wird das Netz an der Schnur hochgezogen und der Körper verliert damit seinen Halt; er fällt (wenn er nicht verbrannt wird, in einem langsamen Verwesungsprozess) auseinander.

Die dritte Körperhülle, der Astral- und Mentalkörper, ist verbunden mit den Lebenskräften des Fühlens, Denkens und Begehrens und wird daher auch „emotioneller Körper" genannt. Er besteht aus all unseren Gedanken und Gefühlen, den Wünschen, Ängsten und all unseren Erfahrungen, die sich als Energien in uns und um uns herum angesammelt haben. All die feinstofflichen Körper sind durch die sogenannten „Chakras" (feinstoffliche Kraftzentren oder Schaltstellen) mit dem physischen Körper verbunden. Sehr vereinfacht können wir uns dieses System bildlich wie Druckknöpfe vorstellen, die einen Mantel mit einem Innenfutter verbinden. Beim Tod werden die Druckknöpfe geöffnet und der äußere Mantel (der physische Körper) und das Innenfutter (die feinstofflichen Körper) voneinander getrennt.

Unser Problem ist es, dass wir uns mit dem Astral- und Mentalkörper - den in uns angesammelten Gedanken, Gefühlen und Ängsten - identifizieren. Wir sehen sie als real an und glauben, dies sind wir. In Wirklichkeit sind wir aber der zentrale Punkt, das „Ich" inmitten dieser Kraftfelder; wir drücken uns lediglich durch diese aus und können uns ihrer bedienen. Befindet sich dieses wirkliche „Ich" allerdings noch in einem unbewussten „Schlaf" und ist noch nicht erwacht, so ist es sich auch der Energiefelder des Fühlens, Begehrens und Denkens nicht bewusst, kann sie also auch nicht unter Kontrolle halten und sie sich zu Diensten machen. Dadurch fühlt das „Ich" sich oftmals von diesen noch unkontrollierten Impulsen hin- und hergerissen. Mit anderen Worten: Die Gedanken, Gefühle und Wünsche übernehmen in dem Fall die Führung und wir sind von ihnen abhängig.

Je entwickelter und erwachter das Ich-Bewusstsein eines Menschen ist, das heißt, je stärker er mit seinem „Höheren Ich" verbunden ist, desto deutlicher wirkt er bewusst auf seinen physischen Körper und auf seine feinstofflichen Energiefelder ein und kann sie zu einem harmonischen Zusammenwirken führen. Er hat also die Fähigkeit, sein Denken und Begehren so einzusetzen, dass er in Frieden und Übereinstimmung mit dem göttlichen Plan leben kann.

All diese Körperhüllen gehören zu unserer Persönlichkeit, so wie sie sich in dieser Inkarnation ausdrückt, aber nicht zu unserem „Ich", unserem wirklichen „Selbst", das bis in alle Ewigkeit lebendig bleibt.

Die Frage: „Wer bin ICH dann überhaupt?" ist wohl die wichtigste Frage für uns Menschen. Es geht dabei gar nicht so sehr darum, eine Antwort zu erhalten – die wir wohl mit dem Verstand auch nie finden werden. Der Verstand ist nicht in der Lage, zu dem innersten Kern, dem Selbst, vorzudringen. Er ist ja selbst Bestandteil der Körperhüllen, der Persönlichkeit. Dennoch ist die Beschäftigung mit der Frage „Wer bin ICH" bedeutungsvoll auf dem Weg, uns selbst zu erkennen. Wir können diese Frage nur in unserem Herzen bewegen und dadurch langsam unserem Ziel, dem allmählichen „Erwachen", näher kommen.

Auch Johann Wolfgang von Goethe hat sich mit dieser Frage auseinandergesetzt und beschreibt es mit folgenden Worten:

> „Mich lässt dieser Gedanke in völliger Ruhe,
> denn ich habe die feste Überzeugung, dass

unser Geist ein Wesen ist ganz unzerstörbarer Natur; es ist ein Fortwirkendes von Ewigkeit zu Ewigkeit. Es ist der Sonne ähnlich, die bloß mit unserem irdischen Auge unterzugehen scheint, die aber eigentlich nie untergeht, sondern unaufhörlich fortleuchtet."

Abstreifen der Körperhüllen

An dieser Stelle möchte ich noch einmal darauf hinweisen, dass Worte die Wirklichkeit nur eingeschränkt wiedergeben können und dass die geistige Welt individuell und damit sehr verschieden wahrgenommen wird. In den geistigen Ebenen sind die Gesetzmäßigkeiten der irdischen dualistischen Welt aufgehoben. Das Erfassen mit dem Verstand ist hier nicht mehr möglich. So ist auch alles, was ich hier schreibe, nicht als festgelegtes Konzept aufzufassen, sondern stellt eher eine Annäherung an die Wirklichkeit der geistigen Welt dar.

Beim Sterben ziehen wir uns zunächst aus dem physisch-materiellen Körper zurück - ein Vorgang, den die Außenwelt als unseren „Tod" wahrnimmt. Die Lebenskraft (Prana) wird aus dem Körper zurückgezogen – das Leben wird „ausgehaucht". Das endgültige Ablösen von der irdischen Hülle geschieht jedoch nicht abrupt. Auch wenn der physische Tod schon festgestellt werden kann, bleibt der seelisch-geistige Teil des Menschen erst noch durch den Ätherkörper an den physischen Körper gebunden und verbringt im Allgemeinen noch einige Zeit in der Nähe des Erdenkörpers.

Von „oben" - also aus geistiger Sicht - betrachtet, stellt das Lösen aus dem grobstofflichen Körper für die Seele eine Befreiung dar. In medialen Durchsagen erklärte der verstorbene Journalist William Stead seiner Tochter:

„Du ahnst ja nicht, was für ein Kerker der irdische Körper ist – das merkst du erst, wenn du ihn einmal verlassen hast. Ich jubelte, ich fühlte mich so wohl, so frei, so glücklich ... “.[1]

Auch ein verstorbener Junge hat dies durch ein Medium folgendermaßen beschrieben:

„(...) Sieh, Mutter, es gibt im sogenannten Tod, der ein Durchgang ist, eine Verwandlung, Momente von ganz besonderer Seligkeit. Seid ruhig, habt keine Angst, der physische Schmerz existiert nicht mehr, weil es plötzlich so ist, daß alles sich in einem Meer von wunderbarer Weichheit und milder Wärme auflöst. Es ist wie ein Schlaf, der in völliger Gelöstheit mit der Wonne des Schlafens in einer Art Lethargie, die das Aufwachen einleitet, erlebt wird.“[2]

Von den verschiedenen feinstofflichen Hüllen lösen wir uns nach und nach, womit die Identifikationen mit dem persönlichen „Ich“ – ich bin Margret, ich bin Sekretä-rin, ich wohne in Berlin – langsam abfallen und das klare Ich-Bewusstsein erwacht. Rudolf Steiner betont dieses bewusste Erwachen immer wieder in seinen Vorträgen:

„(...), wenn der Mensch sich vom Körper gelöst hat, sieht er seinen Körper von außen, sein Ich-Bewusstsein, seine Individualität ist erwacht.“

---

[1] Buddhistische Schatzkiste, S. 809
[2] Paola Giovetti, Botschaften der Hoffnung, S. 32

Auch das Ägyptische Totenbuch berichtet über ein bewusstes Erwachen im Jenseits:

„Wahrlich, da ich im Jenseits geboren wurde, erblickte ein neuer Gott das Licht der Welt: Ich war es. Mit meinen Augen vermag ich nun zu sehen; ich schaute mich um. Ich bin! Ich lebe!".[1]

Das Ich-Bewusstsein ist für jeden Menschen unterschiedlich. Es bricht niemals ab, es besteht ohne Unterlass fort, lediglich die Art und Weise, die Dichte oder Feinheit ändert sich je nach Entwicklungszustand. Folglich ist auch die Empfindung von uns selbst und der Umwelt unterschiedlich. Manche Menschen sind sich selbst und ihrer Gedanken, Gefühle und ihres Handelns hier auf Erden bewusster als andere. Dementsprechend ist auch die Wahrnehmung vom eigenen „Ich" nach dem Tod bei einigen Menschen klarer und deutlicher als bei anderen. Je mehr sich ein Mensch auf Erden mit dem Höheren Ich identifiziert, anstatt mit seinem Körper, seinen Gefühlen und Gedanken, desto bewusster erlebt er sich selbst in der geistigen Welt. Durch starke Todesangst oder den Glauben, der Tod sei das Ende allen Lebens, kann das Bewusstsein zum Beispiel so beeinträchtigt werden, dass es in einen Schlaf fällt. Dann kann es eine längere Zeit dauern, bis der Verstorbene „drüben" erwacht.

Der Verstorbene lebt nun in einer Welt, in der weder Zeit noch Raum existieren. Zeit existiert nur in Verbindung mit Raum, und Raum nur in Verbindung mit

---

[1] Ägyptisches Totenbuch, Kap. 174

Materie. Beim Sterben lösen sich Materie und Raum und damit die Zeit auf. Dieses Austreten aus „Zeit und Raum" verdeutlichen auch zahlreiche Redewendungen, die im Zusammenhang mit dem Sterben immer wieder verwendet werden: „Seine Stunde hat geschlagen!" - „Er hat das Zeitliche gesegnet!" - „Seine Lebensuhr ist abgelaufen!" Ebenso zeigen uns die Aussagen „Er möge ewige Ruhe haben" oder „Er ist in die Ewigkeit eingegangen", dass der Verstorbene aus der Zeit in einen Zustand der Ruhe oder Ewigkeit eingetreten ist. Oftmals wird unmittelbar nach dem Tod eines Angehörigen von mysteriösen Ereignissen mit Uhren erzählt, beispielsweise, dass die Uhr des Verstorbenen plötzlich stehen blieb, oder ein Wecker plötzlich klingelte, der sich schon jahrelang nicht mehr gerührt hatte.

In der „Zeitlosigkeit", in der es weder Vergangenheit noch Zukunft gibt, steigt nun das vergangene Leben von Anfang bis zum Ende – als ein Ganzes - noch einmal im Bewusstsein des Verstorbenen auf. Vor ihm entfalten sich die Muster und Strukturen seiner Gedankeninhalte und die wirklichen Motivationen seiner Handlungen - all das „Gute" und „Schlechte", das er bewirkt hat - als eine Art „Lebenspanorama", wie Rudolf Steiner sagt, „(...) welches (...) in einem Gewebe uns darstellt, das aus Äther geflochten ist".[1] Wir können uns den Rückblick auch so vorstellen, als hätten wir unser Leben Masche für Masche zusammen

---

[1] Rudolf Steiner, Über das Ereignis des Todes und Tatsachen der nachtodlichen Zeit, S. 17

gestrickt und würden im Augenblick des Todes das fertige Werk anschauen. Aus dieser Lebensrückschau wird uns als Verstorbener noch einmal sehr viel über unser Leben bewusst. Wir erkennen die Beweggründe unseres Tuns und den Sinn unseres Erdendaseins. Es werden uns all die Hintergründe unserer Lebensaufgabe enthüllt – all das was uns hier oftmals verborgen bleibt.

Derlei Erinnerungsbilder sind aber noch immer Bestandteil des Fein-Stofflichen. Der Verstorbene muss sie abstreifen, um den Weg ins Geistige, ins Licht weitergehen und einen Lichtkörper annehmen zu können. Die vollbewusste Rückerinnerung an sein vergangenes Leben dauert wohl in unserer Zeitrechnung ein paar Stunden bis zu etwa drei Tagen an, bis sich die ätherischen Lebenskräfte aus dem Leib herausgelöst haben. Mit diesem Auflösen vergrößert sich der Ätherkörper bis ins Unendliche und geht in den Kosmos ein.

In dem Moment, in dem sich der Ätherkörper, der dem physischen Körper Gestalt und Form gegeben hat, wieder von diesem löst, beginnt der physische Körper langsam zu zerfallen und seine Substanz wird letztlich an die Erde und an das Universum zurückgegeben. Nach Alice Bailey kehren „die Atome des physischen Körpers (...) zurück zur Quelle, zur Gesamtheit des Erdenplaneten, zur Sonnenquelle".

Sind der physische Körper und der Ätherkörper voneinander abgelöst, so befindet sich die Seele nun im Astral- und Mentalkörper. Auf der Astralebene durchleben wir als Seele sämtliche Gefühle, Ängste, Wünsche und Begierden, die wir hier im Erdenleben erschaffen haben, noch einmal. Alle bewussten, sowie unbewussten Motivationen unserer Handlungen, und darüber hinaus all das, was sie in der Erdenwelt bei anderen Menschen und in unserer Umwelt bewirkt haben, kommen uns nun von außen als lebendige Bildergestalten entgegen.

Im Gegensatz zum Erleben der Ätherwelt, das laut Rudolf Steiner eher ein Schauen und Erkennen ist, wird unser vergangenes Leben auf der Astralebene noch einmal direkt durchlebt.

Die Astralebene ist nicht als Ebene im Sinne eines Ortes zu verstehen, sondern stellt vielmehr einen Bewusstseinszustand dar, der nach dem Ablegen der irdischen Hülle zu unserer eigenen Welt wird. Die astrale Welt, in der wir dann leben, beschreibt der Schriftsteller Arthur Schult wie folgt:

> „Wenn wir einmal im Tode eingehen werden in die höhere Welt, dann wird unsere Innenwelt, was wir in uns tragen, Außenwelt sein."[1]

Diese „Innenwelt" stellt nun unsere Realität, die Welt, in der wir leben, dar; und zwar so lange, bis wir sie „ausgelebt" bzw. „aufgelöst" und unser wahres, geistiges Selbst dadurch befreit haben. Das bedeutet, dass jeder Verstorbene sich genau da befindet, wo ihn seine Gedanken, Wünsche und Vorstellungen hingelenkt

---

[1] Arthur Schult, Zeit und Ewigkeit im Jahreskreis, S. 378

haben. War er beispielsweise der Überzeugung, nach dem Tod in die „Hölle" zu kommen, wird er sich durch diese Einstellung vermutlich erst einmal vorübergehend eine Hölle kreieren. Glaubte er dagegen, dass er im „Himmel" erwartet würde, wird er zweifellos dort willkommen geheißen werden. Jede Religions- und Glaubensrichtung gibt ein bestimmtes Glaubensmuster vor und diesem entsprechend wird der Weg in der geistigen Welt nach dem Tod stattfinden. Glaubt der Verstorbene, er bleibt bis zum „Jüngsten Tag" im Sarg, um erst dann ins Licht zu gehen, wird er wahrscheinlich erst einmal viele Jahre im Sarg oder auf dem Friedhof verbringen, bis er erkennt, dass er frei ist und hingehen kann, wohin er möchte.

Solange Wünsche materieller Art oder Bedürfnisse nach Macht, Ansehen o.ä. vorhanden sind, wird der Verstorbene mit diesen Themen konfrontiert sein. Dies kann nicht unerhebliche Frustrationen mit sich bringen, denn der physische Körper, der als Werkzeug diente, um diese Bedürfnisse zu stillen, ist nun nicht mehr vorhanden. Hat der Verstorbene hingegen das Bedürfnis, sich geistig-kreativ auszudrücken, so wird er schöpferisch tätig sein und dieser Berufung nachgehen. Auch in der geistigen Welt haben wir die Möglichkeit, uns weiter zu entwickeln; und wie hier im Erdenleben liegt es an uns, ob wir diese Chance wahrnehmen.

Wie schon erwähnt, können die Vorgänge, die nach dem physischen Tod ablaufen, je nach Art unseres Bewusstseinszustandes sehr variieren. In den Durchsagen des Verstorbenen Albert Pauchard heißt es:

„Ich möchte übrigens betonen, und ich kann es nicht oft genug sagen, daß nach meiner Erfahrung die Zeiten der Läuterung nicht stetig aufeinander folgen. Sie kommen und gehen. Hier wie auf Erden haben gute und schlechte Momente ihre eigenen Zeiten. Bei manchen folgen sie rasch aufeinander, bei anderen sind die Zwischenräume größer. Jeder Fall ist eben anders. Aber der Kern ist bei allen derselbe: man muß seine eigenen Torheiten sämtlich selber gesehen und eingesehen haben. Die symbolischen Formen, die diese Erfahrungen in der Läuterung annehmen, sind unzertrennlich mit der Menschennatur verbunden. Hier sieht man sie – während auf Erden der Sinn fehlt, mit dem man sie wahrnehmen könnte.".[1]

In dem Maße, wie unser vergangenes Leben noch einmal durchlebt und damit geläutert wird, löst sich der Astralkörper auf und wir können ins Licht eingehen und nun ein rein geistiges Leben führen. Manche Verstorbene lassen sich mit diesem Prozess des Durch-Erlebens viel Zeit und manche wenig.

Alice Bailey schreibt, dass die Astralwelt nur eine Illusion sei und somit letztlich nicht existiere. Der Astralkörper, auch emotioneller Körper genannt, besteht schließlich aus unseren angesammelten Gefühlsenergien und ist somit nur solange vorhanden, wie wir unsere Gefühle für Wirklichkeit halten, bzw. uns mit ihnen identifizieren und deshalb unbewusst auf Gefühlsregungen und Wünsche eingehen. Auch aus

---

[1] Buddhistische Schatzkiste, S. 824

buddhistischer Sicht sind alle Gefühle „leer", das heißt, sie sind vergänglich, veränderlich und damit ohne wirklichen Bestand. Sie haben keine Realität, außer in unseren Konzepten und psychischen „Mustern". Erst wenn wir gelernt haben, Gefühle und Begierden unter Kontrolle zu halten und ihnen durch unseren Willen Einhalt zu gebieten, lässt die Kraft des Astralkörpers nach, bis er letztlich ganz verschwindet und wir das Bewusstsein auf den Mentalkörper (Energien des „bewussten" Denkens) lenken.

Das ist natürlich ein langsamer evolutionärer Prozess, mit dem wir uns aber schon hier in der heutigen Inkarnation vertraut machen können. Wir können das Nähren des Astralleibes beenden, indem wir lernen, uns nicht mehr von unserem Verlangen beherrschen zu lassen. Auf diese Weise ist es uns möglich, hier auf Erden mental ausgerichtet zu bleiben, anstatt vom Astralkörper - und damit emotional - abhängig zu sein. Dann haben wir im Sterbeprozess die Möglichkeit, den Mentalkörper nach dem physischen Tod durch unseren höheren Willen aufzulösen und direkt in die geistige Welt einzugehen, ohne die einzelnen Auflösungsphasen durchleben zu müssen.

Bis jetzt gelingt solches nur hohen Meistern und Heiligen, die ihre Begierden und Wünsche überwunden haben. Sie sind von der Astralwelt befreit und tauchen nach dem Verlassen des irdischen Körpers sofort in die reine Lichtwelt ein.

Manche Heilige, Yogis, hohe Meister - Menschen, die einen Bewusstseinszustand erreicht haben, der außerhalb von dem gewöhnlicher Menschen liegt - haben die Fähigkeit, die Sterbevorgänge bewusst und mit Absicht herbeizuführen. Sie setzen sich hin, und innerhalb weniger Minuten sind sie „tot". Alice Bailey schreibt dazu:

"Krankheit und Tod sind dem Wesen nach Gegebenheiten, die der Substanz innewohnen; genau so lange, wie ein Mensch sich mit dem Formaspekt identifiziert, untersteht er auch dem Gesetz der Auflösung. Dieses Gesetz ist ein grundlegendes, natürliches Gesetz, das für das Leben der Form in allen Naturreichen maßgebend ist. Wenn der Jünger oder der Eingeweihte sich mit der Seele identifiziert (...), dann kommt der Jünger aus dem Herrschaftsbereich dieses universalen Naturgesetzes heraus und benutzt oder verläßt den Körper nach Belieben auf Geheiß des geistigen Willens, (...) ".[1]

Marlo Morgan schildert solch ein bewusstes Sterben auch bei den Aborigines in ihrem Buch „Traumfänger":

„Das Sterben ist für diese Menschen ein bewußter Willensakt. Im Alter von einhundertzwanzig oder einhundertdreißig Jahren, wenn der Gedanke an eine Rückkehr in die Ewigkeit dem Menschen sehr verlockend erscheint, fragt man die Göttliche Einheit, ob es zum Besten aller ist. Dann lädt man zu einem Fest, um das eigene Leben zu feiern. Seit Generationen gibt es bei den „Wahren Menschen" den Brauch, alle Neugeborenen mit einem

---

[1] Alice A. Bailey, Esoterisches Heilen, S. 544

bestimmten Satz zu begrüßen: „Wir lieben dich und werden dir auf deiner Reise beistehen." Bei der letzten Feier seines Lebens wird der scheidende Mensch von allen umarmt und mit eben diesem Satz verabschiedet. Es ist der erste und letzte Satz im Leben eines Menschen! Danach setzt sich dieser Mensch in den Sand und stellt alle Körperfunktionen ein. In weniger als zwei Minuten ist er gestorben. Es gibt weder Tränen noch Trauer. Sie versprachen, mir ihre Technik für den Übergang von der menschlichen in die unsichtbare Ebene beizubringen, sobald ich bereit sei für den verantwortlichen Umgang mit einem solchen Wissen.".[1]

Auch bei den indischen Yogis und Weisen werden ganz unterschiedliche Techniken zum bewussten Verlassen des Körpers gelehrt. So können wir in der Autobiographie von Swami Rama lesen:

„Es saßen noch sechs weitere Swamis um ihn herum. Genau um halb fünf Uhr, nachdem er die Methode dargelegt hatte, wie man willentlich seinen Körper abstößt, verabschiedete er sich von uns mit den Worten: „Gott segne euch. Wir sehen uns wieder auf der anderen Seite." Dann schwieg er. Er schloß seine Augen und wurde ganz still. Wir hörten alle ein Klicken in seinem Schädel. Dieser Prozeß heißt ‚den Körper durch Brahma-randhra abwerfen'.".[2]

---

[1] Marlo Morgan, Traumfänger, S. 207
[2] Swami Rama, Unter Meistern im Himalaya, S. 437

Und Jesus spricht im Johannesevangelium:

> „Darum liebt mich mein Vater, weil ich mein Leben
> lasse, auf daß ich's wieder nehme. Niemand nimmt
> es von mir, sondern ich lasse es von mir selber. Ich
> habe Macht, es zu lassen, und habe Macht, es
> wieder zu nehmen. Solch Gebot habe ich empfangen
> von meinem Vater." .[1]

Im Lukasevangelium heißt es:

> „Und Jesus rief laut und sprach: Vater, ich befehle
> meinen Geist in deine Hände! Und als er das gesagt,
> verschied er." .[2]

Aus manchen Kulturen ist bekannt, dass die Menschen
spüren, wenn ihr Leben dem Ende zugeht. Sie ziehen
sich zum Sterben in die Einsamkeit, zum Beispiel auf
einen Berg, zurück. Diese Menschen kennen keine
Angst vor dem Tod. Sie sind sich ihres Weiterlebens
nach dem Tod bewusst. Die geistige Wirklichkeit ist für
sie etwas Selbstverständliches.

Wir „Normalsterblichen" hingegen haben dieses
Geheimnis des Sterbens verloren. Wir erleben den Tod
als passiven Vorgang und fühlen uns als Opfer dieses
Geschehens, obwohl wir selbst, als individuelle Seele
ganz bewusst den „Befehl" zum Sterben geben und
Zeitpunkt, Ort und Art des Todes bestimmen. So wird
von uns durch das Höhere Selbst beispielsweise genau
die Krankheit eingesetzt oder der Unfall geplant,
wodurch unser physischer Körper zerstört werden soll

---

[1] Joh. 10, 17-18
[2] Lukas 23,46

- je nachdem, welche Todesursache von uns vorgesehen ist. Die Seele ist ja vom Tod nicht betroffen. Nur das „menschliche" Bewusstsein reagiert mit Ängsten und Abwehr auf den Tod. Für die Seele ist der physische Tod selbstverständlich und belanglos. Je mehr wir aufwärts streben und uns mit der Seelenebene verbinden, desto deutlicher werden wir diese höhere Entscheidung für das Sterben wahrnehmen und desto leichter werden wir damit einverstanden sein. Nur weil wir die Absicht der Seele nicht erkennen, erscheint unserem menschlichen Verstand der Tod oft sinnlos. Die hohen Meister, die so weit entwickelt sind und sich mit ihrer Seele, dem Höheren Selbst, identifizieren, sind eins mit ihrem wahren Wesen und empfinden es als Glück, endlich „nach Hause" zurückzukehren.

Auch wir können uns zum Ziel machen, das Geheimnis des Sterbens wiederzuentdecken, damit wir eines Tages bewusst und aktiv sterben können, anstatt ein Opfer des Todes zu sein. Für viele mag es ein langer Weg dorthin sein, aber wir können heute den ersten Schritt machen und uns mit dem Tod und der geistigen Wirklichkeit auseinandersetzen.

Laotse sagt:

„Die 1000 Meilen lange Reise beginnt mit einem Schritt".

Leben nach dem Tod

Hier auf Erden orientieren wir uns an allem Äußeren, das uns hält und stützt und uns Sicherheit gibt. Nach dem Ablösen vom Körper fällt all diese gewohnte Sicherheit, unser Halt, weg. Wir müssen lernen, uns ohne den irdischen Körper, der uns als Werkzeug gedient hat, in einer völlig ungewohnten Welt zurechtzufinden. Wir verstehen am Anfang im wahrsten Sinne des Wortes nicht, wie die geistige Welt „funktioniert". Dort gelten ganz neue Gesetze. Von der Essenz her sind wir dieselben und fühlen uns gleich wie im physischen Körper, nur können wir nicht auf gleiche Weise damit umgehen, nicht mit dem Körper handeln wie auf der Erde. Unser Denken verläuft nicht mehr in der herkömmlichen Weise. Die gewohnte Sinnesorientierung fällt weg. Wir müssen lernen, auf völlig neue Art mit den Gefühlen und Gedanken umzugehen. Wir haben ein völlig neues Bewusstsein.

Wir finden uns in einer Situation wieder, die vergleichbar ist mit unserer Geburt in das Erdenleben. Als Kind müssen wir erst einmal lernen, mit dem irdischen Körper und der materiellen Welt umzugehen. Wir machen beim Laufen-lernen neue Erfahrungen mit dem körperlichen Gleichgewicht. Wir erfahren die Erdanziehungskraft, indem zum Beispiel Gegenstände, die wir aus der Hand geben, herunterfallen. Wir müssen ein neues Gefühl für Raum und Zeit entwickeln und darauf vertrauen, dass Mutter und

Vater weiterhin existieren, auch wenn sie sich zeitweise räumlich von uns entfernen.

Demzufolge fühlen wir uns in beiden Situationen erst einmal völlig fremd, - in der materiellen Welt nach unserer Geburt ebenso, wie in der geistigen Welt nach dem Sterben, - und müssen uns hier wie dort ganz langsam an die veränderten Gegebenheiten gewöhnen.

Allerdings ist manchen von uns die geistige Welt doch bald vertraut und sie fühlen sich sogleich zu Hause, weil sie sich schnell wieder an ihr wahres Leben erinnern.

Grundsätzlich sind die Möglichkeiten des Lebens nach dem Tod so vielfältig, wie es Menschen gibt, und die gesammelten Erfahrungen sind sehr unterschiedlich, je nachdem welche Entwicklungsstufe ein Mensch erreicht hat und welche Erlebnisse er bereits im Laufe seiner vielen Leben gehabt hat. Die Beschreibungen des Lebens auf der Erde sind ja auch ganz individuell. Eine Person erzählt vielleicht, das Leben auf Erden sei wunderschön, mit grünen Wiesen, blühenden Blumen - das reinste Paradies, ein Wunder! Ein Anderer dagegen hat sein Augenmerk eher auf die leidvollen Seiten des Erdenlebens gelenkt und beschreibt Kriege, Hass und Missgunst unter den Menschen, Gewalt in den Schulen - eine einzige Hölle! Deshalb sind auch die Aussagen, die wir aus der geistigen Welt erhalten (zum Beispiel durch medial begabte Menschen) so unterschiedlich. Jeder Mensch hat sein eigenes Erleben, seine eigene Welt, ob im irdischen Leben oder auf der geistigen Ebene, und all die Erfahrungen sind abhängig von vielen Faktoren, wie unserer Persönlichkeit, den Glaubensmustern und der Kultur, in der wir aufgewachsen sind. Die Gesamtsumme all der angesammelten Gedanken, Gefühle und Taten bestimmt nach dem Tod unseren weiteren Weg in der geistigen Welt.

So gibt es beispielsweise die einen, die erst einmal in einen Heilschlaf fallen und sich erholen dürfen; andere stellen sich als Helfer zur Verfügung, um ihren „Schwestern" und „Brüdern" in der geistigen Welt oder auch auf der Erde zu dienen, soweit das mit dem jeweiligen Entwicklungsstand der Seele und dem göttlichen Plan übereinstimmt. Andere wiederum drücken ihre kreativen Fähigkeiten aus, indem sie lernen, tanzen, musizieren oder malen. Manche arbeiten erst einmal daran, ihre eigenen „irdischen" Fehler zu berichtigen und andere dürfen ihrem Entwicklungsstand entsprechend rasch aufsteigen in höhere Sphären, zu höheren Aufgaben. Einige werden schon bald ihre nächste Inkarnation auf der Erde planen und sich dafür die passende Kultur und Eltern für ihre jeweiligen Lernaufgaben aussuchen. Man trifft alte Freunde, Gefährten und Familienmitglieder. Und mit denen, die auf der Erde unsere Feinde waren, schauen wir uns vielleicht die Kämpfe an, die wir auf irdischer Ebene miteinander ausgetragen haben und können nun gemeinsam darüber lachen, daraus lernen und den vollständigen, perfekten Plan hinter dem Geschehen erkennen. So sind die Wege und Ebenen in der geistigen Welt nicht statisch und endgültig; es ist weiterhin ein Aufsteigen von Stufe zu Stufe, bis wir uns letztendlich in einem Ozean von Licht auflösen und von allen Erfahrungen befreit sind.

Am Anfang ist es für uns umso schwieriger, in der neuen Welt zurechtzukommen, je mehr wir uns während des Erdenlebens mit unserem Körper identifiziert und damit an die Materie gebunden haben. Wenn wir uns zu dieser Zeit nicht schon mit dem Geistigen beschäftigen, werden wir vielleicht auch noch nach dem Tod unsere Kräfte mit dem Geschehen der Erde verbinden, anstatt die Erdenwelt loszulassen und uns dem Licht zuzuwenden. Zum Beispiel können ungelöste Konflikte wie Vergeltungsdrang, Hass, Eifersucht, starke Rivalitäten den Verstorbenen so sehr an die irdische Welt binden, dass er den Blick und die Ausrichtung auf das Licht verliert. Dazu schreibt Alice Bailey:

„(...) jene wenigen Menschen, die nur für die materielle Seite leben, ergibt sich jener Zustand, den wir „erdgebunden" nennen. Die Ketten, mit denen sie sich an die Erde geschmiedet haben, und die erdwärts gerichtete Neigung aller ihrer Begierden zwingen sie, nahe bei der Erde und in der Nähe ihres letzten Aufenthaltes in der irdischen Umgebung zu bleiben. Sie suchen verzweifelt und mit allen Mitteln, den Kontakt mit ihr wieder herzustellen und zurückzukommen."[1]

Eine zu starke Konzentration auf den Verstand hier im Irdischen bedingt oft auch einen großen Verlust bzw. eine Irritation, da es für den Verstorbenen in der

---

[1] Alice A. Bailey, Esoterisches Heilen, S. 486

geistigen Welt zunächst unmöglich erscheinen mag, ohne den Verstand zurechtzukommen. Der Verstand stirbt jedoch mit dem physischen Körper; wir müssen ihn beim Sterben loslassen.

Es würde sicher helfen, wenn wir uns schon jetzt im Erdenleben mehr auf unsere Intuition konzentrieren würden, denn diese bleibt uns nach dem Tod erhalten.

Der Verstand ist hier auf Erden wichtig, wir sollten ihn nicht vernachlässigen, er ist uns ohne Frage sehr nützlich. Er ist der Vermittler zwischen der Innen- und Außenwelt, der irdischen und der geistigen Welt. Das, was wir geistig empfangen, können wir mit dem Verstand in Worte kleiden, um es weiterzuvermitteln. Ohne den Verstand wäre ein Leben für uns nicht möglich. Aber in unserer Gesellschaft wird der Verstand oft zu hoch bewertet, weil wir am liebsten alles mit dem Verstand kontrollieren möchten. Viel zu sehr stopfen wir unseren Verstand mit zu viel Wissen und übermäßigen intellektuellen Aktivitäten voll. Dabei vernachlässigen wir unser „Herz", die innere Stimme oder eine Art „Gewissen", das uns nach dem Tod zur Bestimmung unseres weiteren Weges zur Verfügung steht. Wenn wir in unserem Leben anstelle des Verstandes öfter die innere Stimme, das Herz sprechen ließen, würden wir bereits jetzt den Umgang mit einem anderen Orientierungsmittel lernen, dass uns die Einstimmung auf die Geistwelt nach dem Tod erleichtern könnte. Es gibt eine einfache Übung, um unseren Verstand, den Kopf, mit dem Herzen zu verbinden. Wir stellen uns dazu ein goldenes Licht in Form einer Acht vor, deren oberer Kreis um unseren

Kopf und deren unterer Kreis um unser Herz fließt. Wenn wir das regelmäßig üben, wird sich langsam mehr und mehr der Kopf mit unserem Herzen verbinden und wir werden „mit dem Herzen denken" können.

Im Normalfall erkennt der Verstorbene seinen Zustand innerhalb kurzer Zeit, spätestens nach etwa drei Tagen. In den meisten Fällen wird die neue Situation von ihm mit großem Erstaunen bewusst wahrgenommen. Aber unter gewissen Umständen kann die neue Welt so irritierend sein, dass der Verstorbene gar nicht bemerkt, dass er gestorben ist und keinen physischen Körper mehr hat. Arthur Schult schreibt:

> „Menschen, die im Irdischen gebunden waren, in denen das Geistige nicht stark genug war auf der Erde, wissen oft, wenn sie gestorben sind, noch nicht, daß sie gestorben sind. Sie gehen auch als Geistwesen noch ihren irdischen Beschäftigungen nach; sie haften an der Erde, sie können sich vom Irdischen nicht lösen."[1]

In allen Religionen werden für die Verstorbenen Gebete gesprochen, Rituale zelebriert oder Totenmessen abgehalten. Durch diese Rituale und Worte des Gebets soll dem Verstorbenen bewusst gemacht werden, dass seine irdische Zeit beendet und er gestorben ist und er sich in die Richtung des Lichtes begeben muss, um befreit zu werden.

---

[1] Arthur Schult, Zeit und Ewigkeit im Jahreskreis, S. 359

In den buddhistischen Praktiken werden dem Verstorbenen 49 Tage lang die Texte aus dem Tibetischen Totenbuch - genannt „Die Große Befreiung durch Zuhören" - vorgelesen. Er hört die Worte und nimmt wahr, welche Rituale um seinen Leib herum durchgeführt werden. Auch das Altägyptische Toten-buch enthält außer den beschriebenen Riten, die die Angehörigen für die Verstorbenen auszuführen haben, noch Sprüche und Bilder über das Jenseits, die in früheren Zeiten den Verstorbenen in die Grab-kammern oder in die Särge gelegt wurden. Die Worte, Bilder und Riten sollten dem Verstorbenen den Weg ins Jenseits ebnen. Man ging davon aus, dass seine gesamte Ausstattung, seine Grabbeigaben, die Bilder und Texte mit dem Verstorbenen zusammen in einen geistigen Seins-zustand übergehen.

Auch im Christentum (in der katholischen Kirche) wird im Zusammenhang mit der Bestattung eine Heilige Messe – das Auferstehungsamt – für die Verstorbenen zelebriert. Und in früheren Zeiten wurden sogar Requien (Toten- oder Seelenmessen) geschrieben. In diesen Chorgesängen wurde um einen friedvollen Weg ins Licht für den Verstorbenen gebetet; beispielsweise „Herr, gib ihnen die ewige Ruhe. Und das ewige Licht leuchte ihnen" - oder, was mir besonders gut gefällt: „Es erfreue sie die Wonne des ewigen Lichts".

Was können wir selbst in der heutigen Zeit, hier in unserer westlichen Welt, für einen Verstorbenen tun?

Wichtig ist zunächst, sich bewusst zu machen, dass die Verstorbenen uns wirklich hören und auf ihre Art sehen, und dass sie die erste Zeit nach dem Sterben oftmals in unserer Nähe sind. In den ersten Tagen, solange der Ätherkörper vorhanden ist, sind sie im Allgemeinen noch erdgebunden. Engel und geistige Helfer stehen ihnen natürlich zur Seite. Diese sind sozusagen die „Geburtshelfer" in der geistigen Welt und unterstützen den Verstorbenen beim Abstreifen der verschiedenen Hüllen und bei der Neuorientierung in der noch fremdartigen Welt.

Dennoch sind viele Verstorbene erst einmal so verunsichert, dass sie ihre Engel und Helfer gar nicht erkennen oder sogar vor ihnen erschrecken. Manche haben Angst, weil sie ihre neue Situation nicht verstehen, besonders, wenn sie geglaubt hatten, der Tod sei das Ende jeglichen Lebens. In solchen Fällen verschließen sie sich völlig, sie machen „zu". Dadurch sind die Befreiung und sogar eine Hilfestellung durch die geistigen Helfer sehr erschwert. Letztendlich entscheidet jeder Verstorbene selbst, ob er den Weg ins Licht gehen will oder nicht. Es ist auch wichtig, dass ein Verstorbener sich ganz bewusst um Hilfe bemüht und nach seinen Helfern, den Engeln oder dem Licht Ausschau hält. Das alles fällt natürlich schwerer, wenn er nicht an ein Weiterleben nach dem Tod und an die geistigen Helfer geglaubt hat, oder wenn er erst einmal gar nicht erkennen kann, dass er gestorben ist und noch immer irritiert an seinem irdischen Leben festhält.

Die angebotene Hilfe zu erkennen fiele uns leichter, wenn wir bereits im irdischen Leben Kontakt zu Engeln, den Geistwesen aufnähmen und uns mit ihnen vertraut machten. Wir müssen es nur wirklich wollen und uns ihnen öffnen. Dann werden wir mit der Zeit ihre Anwesenheit erspüren oder in irgendeiner Form Zeichen von ihnen erhalten.

Auch (verstorbene) Heilige übernehmen oft die Rolle, den Menschen, die an sie glauben, nach dem Tod Geleit zu geben und ihnen beizustehen. Und natürlich sind es auch unsere lieben Freunde und Angehörigen aus der anderen Welt, die uns „hinüberhelfen".

Besonders irritierend kann es für Verstorbene sein, wenn sie plötzlich durch einen Unfall, Herzinfarkt oder Ähnliches ohne Vorwarnung aus dem physischen Körper herausgerissen werden. Von einem Augenblick zum anderen sind sie körperlos und doch sehen, denken, fühlen und hören sie, aber niemand reagiert auf sie oder kümmert sich um sie. Die Angehörigen sind alle mit sich selbst, mit ihrer Trauer und ihrem Schmerz und auch mit dem toten physischen Körper beschäftigt, der den Verstorbenen nun nicht mehr interessiert. Für die Angehörigen ist es ebenfalls ein Schock, aber sie wissen wenigstens, was passiert ist. Manche Verstorbene können das plötzliche Geschehen gar nicht einordnen und sind erst einmal völlig verwirrt.

Das muss aber nicht so sein. Es gibt durchaus viele Verstorbene, die sich sofort dessen bewusst sind, was mit ihnen geschehen ist, die nach ihren Helfern und Engeln schauen und sich in ihrer neuen Welt zurechtfinden.

Immer wieder möchte ich betonen, dass das Geschehen in der geistigen Welt nicht festzulegen ist, dass ebenso wie hier auf der Erde kein menschliches Erleben in „Schubladen" eingeordnet werden kann. In der geistigen Welt ist alles möglich, und das Leben verläuft auch „dort" völlig individuell.

Als Hinterbliebene aus einer Welt, die den Verstorbenen noch vertraut ist, können wir eine Hilfe sein und ihnen in der neuen, ungewohnten Situation beistehen, bis sie sich an ihre neue Welt gewöhnt, sich neu orientiert und gelernt haben, ohne ihren irdischen Körper zurechtzukommen.

Alle spirituell-religiösen Gedanken und Worte helfen einem Verstorbenen, am allerbesten jedoch ist das, was ihm schon zu Lebzeiten bekannt und vertraut war.

Sogyal Rinpoche rät uns:

> „Wichtig ist, sich schon zu Lebzeiten mit der Wirklichkeit zu beschäftigen, damit durch das Vorlesen dann die Erinnerung eintritt. Auch das Beten zu Lebzeiten ist wichtig, so dass der Verstorbene nur noch daran erinnert werden muss seine geläufigen Gebete zu sprechen und sich an seine gewohnte Gottheit zu wenden."

Wir können Gebete sprechen, aus der Bibel oder aus anderen spirituellen Texten vorlesen. Aus all dem kann der Verstorbene Kraft und Licht für seinen Weg schöpfen. Es ist auch wichtig, beruhigende Worte zu sprechen und ihn darüber zu informieren, dass sein Erdenkörper tot ist und dass er keine Angst zu haben braucht. Wir können ihn darin unterstützen, dass er jetzt nach seinen Engeln und Helfern Ausschau hält und sich ihnen vertrauensvoll zuwendet und ihm erklären, dass diese ihn weiter ins Licht begleiten. Auch Verstorbene brauchen Anweisungen, sozusagen Wegweiser, wie wir sie vielfach hier in der irdischen Welt haben. Es ist ihnen eine große Hilfe, wenn man ihnen sagt, wohin sie gehen sollen. Dazu kann man ihnen außer in Worten zusätzlich noch Bilder visualisieren: vom Licht, von Engeln, Jesus, Buddha oder jeder religiösen oder spirituellen Kraft, mit der sich der Verstorbene verbunden gefühlt hat.

Eine weitere Möglichkeit ist es, dem Verstorbenen eine in unserem Geist visualisierte Lichtbrücke zu bauen, auf der er ins Licht hinübergehen kann. Dabei können wir ihm immer mit Worten wiederholen, dass er beim Hinübergehen nur nach dem Licht schauen und darauf zugehen soll.

Es hilft den Verstorbenen sehr, wenn ihnen vertraute Menschen als Vermittler für die geistige Welt beistehen. So können auch die, die lange im Dunkeln herumgeirrt sind, endlich den Weg ins Licht finden. Dazu ermuntert uns auch Manfred Kyber:

Es gibt auch so viele Tote, die eure Hilfe brauchen – versagt sie ihnen nicht. Es wandeln manche Tote hoch über euch auf den Höhen, es wohnen aber noch viele in den Tälern der Tiefe, und es sind auch solche, die nicht über die Schwelle gehen können, weil es dunkel um sie ist und sie die andere Welt nicht erfassen."

Den Verstorbenen „das letzte Geleit" zu geben, hilft auch den Hinterbliebenen, der Zeit von Trauer und Schmerz noch einen anderen Inhalt zu geben. So können wir unsere Lieben nicht nur durchs Leben, sondern auch durch den Tod begleiten. Wir können diese Zeit aktiv nutzen und den Verstorbenen helfen, sich in ihrer neuen Welt zurechtzufinden und so auf konstruktive Weise mit ihnen in Verbindung bleiben.

Verstorbene sind sehr offen und sensibel, schließlich fehlen ihnen der physische Körper und die Verdrängungsmechanismen, die uns im irdischen Leben „Schutz" bieten. Sie erleben alles Emotionale viel intensiver. Folglich sind sie auch sehr leicht durch unsere positiven wie negativen Gedanken, Worte und Taten zu beeinflussen. Wir sollten daher darauf achten, dass wir so weit wie möglich gute Gedanken und Worte zu ihnen schicken.

Wenn wir allerdings mit einem Verstorbenen hadern und ärgerlich auf ihn sind, können wir diese Gefühle und Gedanken nicht vor ihm verbergen und verleugnen. Verstorbene bekommen ja alles mit. Wir können aber versuchen, nun noch mit ihm ins Reine zu kommen, die „unerledigten Geschäfte", wie Elisabeth Kübler-Ross es nennt, bei uns und bei dem Verstorbenen noch zu bereinigen. Wir können mit ihm reden und ihm unsere Wut, Verletzung oder sonstigen Gefühle mitteilen, möglichst aber, ohne ihm eine Schuld zuzuweisen. Wenn wir uns in die schutzlose Lage des Verstorbenen hineinversetzen, können wir spüren, wie qualvoll es sein muss, mit Wut und Schuld konfrontiert zu werden. Offen und schutzlos lebt der Verstorbene direkt in dieser Wut und Schuld, kann sich nicht wehren, nicht verteidigen, und nicht mitteilen, wie leid es ihm tut, seine Lieben verletzt zu haben. Er sieht seine Worte und Taten ja nun aus einer völlig anderen Perspektive, erkennt die Fehler, die er hier auf der Erde gemacht und die Verletzungen, die er anderen zugefügt hat.

Wir sollten versuchen, einen Weg zu finden, diese Situation zu heilen. Nicht in der Art, dass wir die Schuld auf uns nehmen oder selbst zurückstecken müssen. Aber wir können den Ärger, nachdem wir ihn ausgesprochen haben, loslassen und dem Verstorbenen symbolisch die Hand zur Versöhnung reichen.

Vielleicht möchten wir uns selbst von Schuldgefühlen, die wir gegenüber dem Verstorbenen haben, befreien, etwa weil wir uns Vorwürfe machen, im Augenblick des Todes nicht bei ihm gewesen zu sein, ihn genau in dieser Zeit alleine gelassen zu haben. Gerade dann ist es hilfreich zu wissen, was viele Krankenpfleger/innen und Sterbebegleiter bestätigen: Der Sterbende selbst sucht sich in vielen Fällen genau diesen Zeitpunkt zum Sterben aus. Wir können das oft nicht verstehen, weil wir glauben, es sei allein der Körper der versagt. Der Sterbende ist es, der den letzten Augenblick bestimmt – nicht gerade ganz bewusst, so dass er denkt: Jetzt ist für mich die beste Zeit zum Sterben! Es ist seine Seele, die diese Entscheidung fällt, die bestimmt: Jetzt trenne ich mich von dem Körper.

Ich kann mir auch vorstellen, dass das Loslassen für Sterbende einfacher ist, wenn sie bei dem letzten

Schritt, den sie alleine gehen müssen, auch tatsächlich alleine sind, ohne ihre lieben Angehörigen neben sich zu haben. Alleine sterben wir Menschen nur von der irdischen Seite aus. Von der geistigen Seite her sind Sterbende nicht allein, auch wenn sich nicht jeder der Gegenwart seiner Helfer und verstorbenen Angehörigen bewusst ist.

Es ist wichtig, dass wir die emotionalen Bindungen lösen, die verhindern, dass beide Teile - der Verstorbene, wie auch die im Irdischen Lebenden - ihren Weg weitergehen können. Von all den Schuldgefühlen und Vorwürfen, die wir noch in uns tragen, von all dem scheinbar Versäumten, all dem, was wir nicht mehr gesagt haben, können wir uns auch jetzt noch befreien und dies dem Verstorbenen mitteilen. Er nimmt es auf, er hört uns. Wir können uns zum Beispiel ein Foto von dem Verstorbenen aufstellen, vielleicht eine Kerze anzünden und ihm dann alles sagen, was wir auf dem Herzen haben oder was wir noch mit ihm teilen möchten. Eine andere Möglichkeit wäre, dem Verstorbenen einen Brief zu schreiben – und wenn man mag, diesen dann zu verbrennen, sodass der Inhalt des materiellen Briefes durch das Verbrennen in die geistige Welt gelangt.

Oftmals kann ein Verstorbener nicht verstehen, dass seine Angehörigen ihn nicht hören, nicht sehen und nicht auf ihn reagieren. Er rüttelt und schüttelt vielleicht an ihnen, aber er wird nicht bemerkt. Er klopft und versucht, sich bemerkbar zu machen, oder er wartet irritiert auf Hilfe. Solange wir aber unwissend sind und nicht an sein Weiterleben glauben, können wir ihm diese Hilfe nicht geben.

Oder aber er möchte sich bemerkbar machen, um uns zu helfen. Verstorbene sehen ja unsere Lebenssituationen aus einer viel größeren Perspektive und damit auch naheliegende Lösungen – aber wenn wir nicht an sie als Verstorbene glauben, spüren wir sie nicht.

In einigen Fällen geschieht es sogar, dass sich Energien des Verstorbenen an einen hier auf Erden lebenden Menschen hängen. Dies geschieht nicht etwa aus Bosheit, sondern aus Unwissenheit: Weil er nicht weiß, was mit ihm los ist, weil er nicht versteht, dass er keinen Erdenkörper mehr besitzt und weil er mit der neuen Situation noch nicht umgehen kann. Er hängt sich dann an den Körper eines Lebenden bzw. vermischt sich mit dessen Persönlichkeit und lebt durch ihn - beispielsweise durch jemanden, den er gut kannte, und der ihm in seiner momentanen Verwirrung etwas Vertrautes darstellt.

Es kann auch sein, dass sich ein Verstorbener einen Lebenden aussucht, der das gleiche Suchtproblem hat wie er, um zu versuchen, seine Sucht durch diesen Lebenden zu befriedigen. In anderen Fällen sind es Verstorbene, die noch zu sehr erdgebunden sind und sich in bestimmte Leben und Situationen einmischen, weil sie einen Menschen beherrschen und beeinflussen wollen (was aus der Sicht des Verstorbenen durchaus gut gemeint sein kann).

Das Problem in solchen Situationen ist, dass der Verstorbene dem „Lebenden" dadurch Lebensenergie entziehen kann. Beim Lebenden führt dies dann vielleicht zu Müdigkeit und Schwäche, aber auch zu Krankheiten oder gar zu Persönlichkeitsveränderungen (dies kann sich zum Beispiel durch Veränderungen der Stimme und der Gestik zeigen).

Auch wenn sich das im ersten Moment erschreckend anhört, ist es hilfreich, sich klar zu machen, dass niemand Macht über uns ausüben kann, wenn wir es nicht zulassen. Jeder bestimmt sich selbst, denn wir sind freie und unabhängige Wesen. Kein anderes Lebewesen kann uns in irgendeiner Weise beeinflussen. Wir sind keine Opfer! Das heißt, es gibt auch für solch ein Problem eine Lösung!

Dabei ist es wichtig zu erkennen, dass eine derartige Verbindung nur hergestellt werden kann, wenn der Lebende bewusst oder unbewusst seine Zustimmung dafür gegeben hat. Zum Beispiel handelt es sich da um eher willensschwache Menschen, denen es schwer fällt, Grenzen zu setzen, die schwer „Nein" sagen können, Menschen, die im Leben eher eine Opferrolle einnehmen und sich von anderen beherrschen lassen. Oder es geschieht Personen, die nicht genügend Bodenständigkeit besitzen und somit nicht fest genug in ihrem Körper wohnen, oder denjenigen, die ihre Eigenverantwortung abgeben und auch Menschen, die sich abhängig fühlen und den Verstorbenen nicht loslassen wollen und dadurch automatisch ihr Einverständnis für solch eine „Besetzung" geben.

Nun muss natürlich nicht jeder, der an Müdigkeit oder Schwäche leidet, befürchten, von einem Verstorbenen besetzt zu sein. Wenn man jedoch das Gefühl hat, es könnte so sein, ist es wichtig, sich den fremden eindringenden Mächten nicht hilflos ausgeliefert zu fühlen, sondern stattdessen selbst handelnd einzugreifen und sich zu befreien. Als erstes sollte man die Verbindung zur eigenen Kraft wieder herstellen und dem Verstorbenen den Weg ins Licht weisen. Man sollte ihm ein klares deutliches „Nein" entgegnen, ihm feste Grenzen setzen, ihm seine Situation bewusst machen, indem man ihm erklärt, dass er gestorben ist, dass sein Erdenkörper tot ist. Wenn man weiß, um wen es sich handelt und man die Todesursache kennt, kann man dem Verstorbenen auch ganz konkret die Situation schildern, wie und wo er gestorben ist. Rudolf Steiner weist in diesem Zusammenhang immer wieder darauf hin, dass der Verstorbene dadurch, dass er auf sein eigenes Todeserlebnis schaut, sein Identitätsgefühl findet. Das bedeutet, er bekommt Klarheit über sich und seine Situation, wenn man mit ihm redet und ihm alles genau erklärt. Man sollte ihn auch darauf hinweisen, dass er durch sein Verhalten dem auf Erden Lebenden Schaden zufügt.

Eine weitere Möglichkeit zur Abgrenzung von dem Verstorbenen ist, eine liegende Acht aus Licht zu visualisieren, indem man in dem einen Kreis der Acht den Verstorbenen visualisiert und in dem anderen Kreis sich selbst. So hat jeder seinen Eigenraum, und man kann gut mit dem Verstorbenen reden und ihn über alles aufklären.

Wenn man sich das nicht selbst zutraut, kann man sich Hilfe holen bei Menschen, die mit solch einer Arbeit vertraut sind und dann gemeinsam den Kontakt zu dem Verstorbenen aufnehmen, ihn befreien und ins Licht schicken. In den meisten Fällen sind Verstorbene dankbar dafür und finden dann recht schnell ihren eigenen Weg. Sie spüren ja selbst, dass sie in der irdischen Welt gefangen sind und wenn wir sie einfach „hinauswerfen", anstatt ihnen in die geistige Lichtwelt zu verhelfen, irren sie weiterhin herum und suchen sich einen neuen Menschen, den sie besetzen können, um am irdischen Leben teilzuhaben.

Etwas ganz anderes ist das Begleitet-werden durch einen Verstorbenen, der schon ins Licht gegangen ist. Wer bereits den Weg ins Licht gefunden hat, kann jederzeit seine Hinterbliebenen besuchen, wenn er das möchte und kann sie in manchen Fällen sogar durch das ganze irdische Leben begleiten; zum Beispiel verstorbene Mütter, die ihre kleinen Kinder auf der Erde zurückgelassen haben oder verstorbene Kinder, die ihre Eltern noch weiterhin begleiten und mit ihrer Familie zusammenleben. Aber auch bei Verwandten und Freunden kann es vorkommen, dass der Verstorbene den Lebenden für eine bestimmte Zeit oder eine ganze Inkarnation über begleitet, soweit das von der geistigen höheren Welt erlaubt wird.

Oft statten Verstorbene ihren Hinterbliebenen einen Besuch ab, helfen hier und da und kehren dann wieder zu ihrer Aufgabe in ihre Lichtwelt zurück. Grundsätzlich ist in der geistigen Welt alles möglich, alles ist flexibel, nichts ist generell festgelegt.

Kontakt zu Verstorbenen

In den ersten Tagen lebt der Verstorbene noch erdgebunden im Erdenumkreis. Er ist gewissermaßen noch an die Erde gebunden, die feinstofflichen Hüllen sind noch nicht alle voneinander gelöst. In dieser Zeit können wir ihn, wenn wir still und achtsam sind, in unserer Nähe spüren. Das ist die Zeit, in der wir ihm helfen können, sich in seiner neuen Welt zurechtzufinden.

Danach folgt die Bestattung mit dem endgültigen Abschied vom irdischen Körper. Meist sind die Verstorbenen selbst bei der Bestattung anwesend und betrachten staunend das Mysterium „Tod", um es zu verarbeiten und dann in der geistigen Welt, im Licht, zu „erwachen".

Sobald der Verstorbene im Licht ist, kann er seine Hinterbliebenen besuchen, sofern er das möchte. Alice Bailey schreibt dazu:

„Nach dem Tode ist das anders, denn der Mensch findet auf der anderen Seite des Vorhangs alle diejenigen wieder, die er kennt (…). Er ist sich auch derer bewußt, die noch im physischen Körper weilen; er kann sie sehen, kann sich in ihre Empfindungen versetzen und auch auf ihre Gedanken einstellen, denn das physische Gehirn, das ja bei ihm nicht mehr vorhanden ist, wirkt nicht mehr als Hinderungsgrund."

Und auch umgekehrt: Jedes Mal, wenn wir den Verstorbenen rufen oder an ihn denken, spürt er diesen Impuls - vergleichbar mit unserem Telefon, das klingelt, wenn uns jemand erreichen möchte. Uns sind solche Verbindungen auch aus Situationen bekannt, in denen wir an einen Menschen denken und dieser uns kurz darauf begegnet oder anruft. In solchen Momenten haben wir telepathischen Kontakt miteinander; wir sind wie mit einem magnetischen geistigen Band miteinander verbunden. Durch eben diesen telepathischen Kontakt können wir auch eine Verbindung zu unseren Verstorbenen herstellen. Ein Verstorbener hat dann die Wahl, zu einem Hinterbliebenen „hinunterzuschauen", ihm eventuell - wenn es „von oben" erlaubt ist - zu helfen oder auch nicht.

In Wirklichkeit ist das geistige Leben nicht örtlich gebunden. Es ist nicht so, dass die Lebenden hier sind und die Verstorbenen dort. Unsere Vorstellung von einer Grenze zwischen den Lebenden und den Verstorbenen existiert nur in unserem Verstand. Die geistige Welt unterscheidet sich allein durch ein anderes Bewusst-Sein. Jegliches Leben findet „Hier" statt. Die Verstorbenen sind also ebenso hier, wie wir auch. Da unser Verstehen von Raum und Zeit abhängig ist, müssen wir uns jedoch entsprechender Formulierungen bedienen.

Es ist wichtig, dass wir die Verstorbenen nicht (gedanklich) zu uns „herunterziehen"; wir müssen uns vielmehr zu ihnen „erheben", uns auf ihre jeweilige Ebene einstimmen. Wir tragen ja alle Ebenen bis zum Höheren Selbst und noch weit darüber hinaus in uns, somit auch die Ebenen, wo die Verstorbenen weilen. Mit der Einstellung, der Verstorbene existiere nicht mehr oder er sei identisch mit seinem irdischen Körper, der nun unter der Erde im Grab liegt und den wir uns zurückwünschen, lassen wir den Verstorbenen nicht los und binden ihn damit sozusagen an die Erde. Wobei wir uns bewusst sein sollten, dass die Verstorbenen - ebenso wie wir in unserem irdischen Körper - einen freien Willen haben und die Wahl, sich von solcherlei Abhängigkeiten zu lösen. Sonst wäre es ja so, dass Verstorbene der Spielball der Lebenden wären, und wir als Lebende hätten ständig Befürchtungen das Falsche zu denken, um dem Verstorbenen nicht zu schaden. Dennoch kann unsere gedankliche und emotionale Ausrichtung sowohl eine Erschwernis als auch eine Hilfe für den Verstorbenen sein.

Durch übermäßige Trauer und Schmerz aktivieren wir die Gefühlswelt des Verstorbenen, der nun auf unseren Schmerz reagiert, beispielsweise mit Mitleid, Schuldgefühlen usw. Er dagegen hat jetzt die Aufgabe zu bewältigen, sich von diesen Gefühlen zu befreien. Wir ziehen ihn durch besitzergreifende Gefühle wie mit dünnen Fäden herunter in die Erdenwelt, anstatt ihn freizugeben, damit er in den höheren Welten fortschreiten kann.

So wird es auch vielfach von Verstorbenen beschrieben, die Kontakt zu einem Medium oder direkt zu ihren Hinterbliebenen geschaffen haben. Der 28-jährige Enzo schilderte:

„Was nun euch betrifft, meine Lieben, so seid dessen sicher, daß meine geistige Gegenwart immer bei euch und mitten unter euch ist, aber ich wünsche, daß unter euch immer vollständige Heiterkeit regiert, sonst leide ich, wie man auf der Erde leidet, aber in einer anderen Form, und das heißt, ich werde weiterhin an der Erde haften bleiben, durch eure Tränen zurückgehalten, und werde mich nicht immer weiter in die Höhe entwickeln können.".[1]

Albert Pauchard berichtete:

„Du darfst dich nicht zu solcher Trauer hinreißen lassen. Wenn du wüsstest, wie wenig wichtig das ist. Ich möchte, du könntest so an mich denken, wie wenn ich noch immer um dich wäre, was oft der Fall ist. Und nichts Feierliches, bitte! Ja, wirklich! Die sogenannten ‚Toten' werden ja mit so viel Feierlichkeit umgeben. Das richtet immer mehr oder weniger eine Schranke auf. Tatsache ist doch, daß wir selbst uns um kein Haar anders empfinden, als wir vorher waren, und daher macht es auf uns einen peinlichen Eindruck, wenn wir sehen müssen, daß sich die Angehörigen uns gegenüber plötzlich ganz anders benehmen, als es der Fall war, solange wir noch mitten unter ihnen weilten. Ich danke dir für all die Empfindungen der Anhänglichkeit und für deine guten Gedanken, für deinen Mut und all deine Hingabe. Damit machst du mir wirklich kostbare Geschenke. Aber in deinem tiefsten Innern gibt es noch Tränen, die eine Todeserklärung darstellen –

---

[1] Paola Giovetti, Botschaften der Hoffnung, S. 82

und das berührt mich schmerzlich. Ich mache dir deshalb übrigens keine Vorwürfe. Ich verstehe es ja nur zu gut! Ich habe es nur erwähnt, um es dir bewußt zu machen.".[1]

Oder die verstorbene Julia ließ durch ein Medium schreiben:

„Dann überfiel mich plötzlich Trauer deinetwegen, und ich wünschte, zur Erde zurückzukehren. Im Nu führte mich der Engel durch die Luft wieder dahin, woher ich gekommen war. Ich betrat mein Sterbezimmer, wo noch mein Körper lag. Für diesen empfand ich nicht das geringste Interesse mehr, doch war ich sehr betrübt, euch alle um meine sterbliche Hülle weinen zu sehen. So sehr wünschte ich, zu euch sprechen zu können. Ich sah dich, Liebes, das Gesicht von Tränen überströmt, und es tat mir leid, dich nicht trösten zu können. So sehr ich auch danach verlangte, zu dir zu sprechen und dir zu sagen, wie nahe ich dir sei, war ich doch außerstande, mich dir bemerkbar zu machen. Ich konnte mich anstrengen so viel ich wollte. Ihr nahmt einfach keine Notiz von mir.".[2]

Und Sigwart berichtete durch ein Medium:

„Wenn ihr an mich denkt, müßt ihr an mein geistiges ‚Ich' denken. Das Denken an mein körperliches Ich zieht mich immer wieder in die Materie, und das ist nicht angenehm." An anderer Stelle:

---

[1] Buddhistische Schatzkiste, S. 823
[2] Buddhistische Schatzkiste, S. 804

„Aber dann kehrt die Sehnsucht nach den lieben Menschen wieder, die man verlassen hat. Man sieht ihre Trauer, und das ist schrecklich! - Dies sind für mich die einzigen wirklichen Qualen gewesen und sind es bis zu einem gewissen Grade noch jetzt. Nun wißt Ihr aber, wie es mir geht, und habt keinen Grund zur Trauer mehr."

Wenn wir uns mit offenem liebevollem Herzen zu den Verstorbenen „hochstrecken", uns geistig zu ihnen emporheben, anstatt sie durch dunkle Trauer oder gar Vorwürfe zu uns ins Irdische herunterzuziehen, können wir ihre Nähe spüren, könncn sie begrüßen und erfahren, was sie uns mitteilen möchten.

Jeder Verstorbene hat die Entscheidungsfreiheit, Kontakt mit der irdischen Welt aufzunehmen oder nicht, zumindest soweit dies im Einvernehmen mit der höheren geistigen Welt steht. So ist es auch für ein Medium wichtig, sich für die Verstorbenen zu öffnen, die bereit sind, sich zu melden, und nicht zu versuchen, bestimmte Verstorbene auf die Erde herabzuziehen, sozusagen die „Geister zu beschwören", wie das im Spiritismus üblich ist - was ohnehin nicht möglich ist. Niemand kann einen Verstorbenen zwingend herabrufen.

Alle geistig-spirituellen und liebevollen Gedanken sind ein Bindeglied zwischen den Lebenden und den Verstorbenen. Rudolf Steiner schreibt dazu, dass die Gedanken, die fortdauernde Liebe, die Erinnerung an den Toten „wie wärmende Geistesnahrung" für den

Verstorbenen ist.[1] und: „Wir müssen als Lebende selbst die Gelegenheit herbeiführen, dass uns die Toten wahrnehmen können. In unserem Seelenleben sollten wir deutlich die Überzeugung tragen: „Der Tote lebt".“

Durch die Liebe, die wir hier auf Erden zu einem Menschen entwickeln, knüpfen wir ein geistiges Band zu diesem, das uns immer miteinander in Verbindung sein lässt. Dieses Band ist es auch, das uns nach dem Tod in der geistigen Welt wie ein Magnet zueinander zieht. „(...) in eins zusammenwachsen werden sie durch dies Element; es wird ein ihnen gemeinschaftliches Seelenglied werden, das beiden mit gleichem Bewusstsein angehört.".[2] So beschreibt es Gustav Theodor Fechner.

Das Wiedersehen in der geistigen Welt findet durch unser wahres Wesen, unseren inneren Kern statt, der nach dem Auflösen der Körper erhalten bleibt. Wir erspüren sozusagen dieses „wahre Selbst" unserer Lieben und können miteinander geistig kommunizieren.

Hier kommen die echten Gefühlsbeziehungen zum Tragen. In der geistigen Welt ist es nicht möglich, Gefühle vorzutäuschen oder sonst etwas vorzugeben, was nicht ist - man kann hier den anderen nichts mehr

---

[1] Rudolf Steiner, Über das Ereignis des Todes und Tatsachen der nachtodlichen Zeit, S. 30
[2] Gustav Theodor Fechner, Das Büchlein vom Leben nach dem Tode, S.28

vormachen, kein Versteck spielen. Unsere Gefühle und Einstellungen liegen offen da, für jeden anderen deutlich spürbar.

Wir finden diese Offenheit in der irdischen Welt bei unseren Kindern. Ihnen kann man ebenfalls noch nichts vormachen, keine falschen Gefühle vorheucheln; sie stehen noch in engem Kontakt mit der geistigen Welt, die sie erst vor kurzem verlassen haben, und erspüren einfach das, was wirklich ist. Vorgetäuschte Reaktionen verwirren sie, denn sie können die verschiedenen Botschaften – einerseits das, was sie spüren und andererseits das, was wir ihnen vormachen wollen - nicht einordnen. Erst mit zunehmendem Alter verlieren wir Menschen im Allgemeinen das Gespür für die telepathische Kommunikation in dem Maße, wie wir das Wissen um die geistige Welt hinter uns lassen. Deshalb müssen wir uns als Verstorbene auch erst wieder an diese Art der Begegnung und Kommunikation gewöhnen.

Um uns diese Gewöhnungszeit zu erleichtern, können wir das „Erspüren" in der Begegnung mit anderen Menschen jetzt schon üben und uns damit vertraut machen.

Hier im Erdenleben definieren wir uns meist durch das äußere Reden, Handeln und die gesellschaftlichen Positionen, Rollen und Titel. Wenn wir auf andere Menschen treffen, fragen wir: „Was machst du?" und der andere antwortet erwartungsgemäß, indem er seinen Beruf oder seine Tätigkeit nennt. Wir sehen im anderen seinen gesellschaftlichen Rang, anstatt sein

wahres Wesen, seinen Charakter, seine „Wesenszüge"
zu erkennen. Aber gerade die Rollen und Titel, die wir
hier im Leben einnehmen, fallen im Moment des Todes
von uns ab. Übrig bleibt nur noch das, was unser
wahres Wesen ausmacht - das, was wir in Wirklichkeit
sind. Und nur mit diesem wesentlichen Kern begegnen
wir uns in der geistigen Welt wieder.

Alles Äußere ist vergänglich und stirbt. Wahre Freund-
schaft und Liebe dagegen kommen erst in der geistigen
Welt zur vollen Blüte. Beginnen wir also, einander von
Herz zu Herz zu begegnen. Gestatten wir uns in der
Begegnung Momente, in denen wir nachspüren, wer
der andere Mensch wirklich ist.

> „Solange es Liebe gibt, gibt es keine Trennung.
> Solange es Liebe gibt, gibt es keinen Tod.
> Solange es Liebe gibt, gibt es keine Dunkelheit."
>
> (Verfasser unbekannt)

Mir geschieht nach meinem Glauben

Bis zu diesem Punkt haben wir uns damit beschäftigt, dass der Tod nicht unser Ende, sondern nur ein Wechsel der Bewusstseinsebenen ist. In den folgenden Kapiteln schauen wir, wie wir das Bewusst-Sein im Licht schon hier im Erdenleben erfahren können.

„Im Anfang war das Wort, und das Wort war bei Gott,
und Gott war das Wort. Dasselbe war im Anfang bei Gott.
Alle Dinge sind durch dasselbe gemacht, und ohne dasselbe ist nichts gemacht, was gemacht ist.
In ihm war das Leben, und das Leben war das Licht der Menschen.".[1]

Diesem Bibelzitat nach hat Gott „durch Sein Wort" die Schöpfung hervorgebracht. „Die Macht Gottes ist das Wort Gottes", heißt es bei den Kabbalisten.

Gott – die grenzenlose Liebe, das unendliche Bewusstsein, oder wie immer wir es nennen wollen - drückt sich also durch Seine Schöpfungsprozesse aus. Dieses Ewige-Eine wird sichtbar in der materiellen Welt der Formen, die es sich selbst durch Seine Schöpfungskraft erschaffen hat. Die Göttliche Kraft erschafft sich also selbst und ist im gesamten Universum in Seiner ganzen Vielfalt gegenwärtig. Sie wohnt jeglicher Materie und somit auch jeder Zelle unseres Körpers inne. Sie regiert über allem weltlichen Geschehen. In

---

[1] Joh. 1, 1-4

der Natur lässt sie alles wachsen und gedeihen. Ihre grenzenlose, alles überwindende Stärke können wir besonders deutlich am Beispiel des kleinen Pflänzchens beobachten, das mit all seiner Willenskraft einen Stein- oder Betonboden durchbricht, um ans Licht zu gelangen.

Wir Menschen sind als Gottes Ebenbild aus diesem Schöpfungsprozess hervorgegangen. Unser Auftrag ist es, uns als Ebenbild Gottes genauso kreativ durch das Wort auszudrücken, um Ihm zu entsprechen. Im Griechischen bedeutet Wort „Geist". Das Schöpferische ist also all das, was in unserem Geist lebendig ist, was wir geistig ins Leben rufen.

Die äußeren materiellen Erscheinungen besitzen keine Wirklichkeit an sich; sie sind lediglich Spiegelbilder unserer geistigen Schöpfungen, Symbole unserer inneren Wirklichkeit. Unser innerer Bewusstseinszustand verwirklicht sich in der äußeren Welt. So sind wir geistig schöpferische Wesen und kreieren uns die eigene Welt - die irdische ebenso wie die himmlische - durch die Kraft der Gedanken, Gefühle und Wünsche. Wir sind es, die unsere Zukunft bestimmen, indem wir Kraft und Energie in die Gedanken legen, die wir wie Samen aussäen, aus denen dann die Erfüllung erwächst. Im Allgemeinen tun wir das allerdings unbewusst, solange wir dieses Gesetz nicht erkannt haben und es bewusst umsetzen können. Dementsprechend sehen unser Leben und die Welt auch aus.

Die Kraft der Gedanken ist ein großes Energiepotential, das sich in der materiellen Welt manifestiert und Formen, aber auch entsprechende Erfahrungen im Leben hervorbringt. Dieses Potential ist nicht nur auf den Verstand, unser Gehirn begrenzt. Die Lebenskraft folgt dem Gedanken; das bedeutet, die Energie geht bis hin zu dem Ort, zu dem wir die Gedanken hinlenken. Wir erfahren dieses beispielsweise, wenn wir intensiv an eine Person aus einem anderen Ort gedacht haben und diese kurz darauf plötzlich anruft. Sie hat unsere Gedanken dort bewusst oder unbewusst empfangen und darauf reagiert. So können wir auch gute, lichtvolle, heilende Gedanken zu einem Menschen schicken – sie werden dort ankommen und ihm helfen. Der Einfluss unserer Gedanken beschränkt sich aber nicht nur auf diesen anderen Menschen, den eigentlichen „Empfänger", sondern all das, was wir über andere Menschen denken und äußern, wirkt sich auch in unserem eigenen Leben aus. Denn unsere Gedanken und Beurteilungen über andere Menschen finden im eigenen Inneren statt. Sie entspringen aus den inneren Lebensmustern, durch die unser Leben gestaltet wird. Schenken wir anderen Menschen Liebe und Mitgefühl – schöpfen wir gleichzeitig Liebe und Mitgefühl auch für das eigene Leben, säen wir hingegen Missgunst und Feindschaft, werden wir genau dies auch in unserem Leben ernten.

Mit den schöpferischen Gedanken sind nicht nur die Verstandesgedanken gemeint, es sind eher unsere Glaubensgedanken - das, was wir wirklich glauben, was unsere innere Einstellung, die Überzeugung den Dingen und dem Leben gegenüber ist. Der Glaube ist kein Wunschdenken oder Hoffen, sondern er verkörpert unser inneres Wissen, die Gewissheit. Glaubensgedanken sind eine große Kraftquelle in uns, die ein Wirken, einen schöpferischen Prozess verursachen. Sie sind die innere Einbildungskraft, mit der wir etwas in die materielle Welt hinein-bilden. Sie hinterlassen Spuren, die bestimmte Folgen haben. In der Bibel heißt es:

> „Und Jesus antwortete und sprach zu ihnen: Habt Glauben an Gott! Wahrlich, ich sage euch: Wer zu diesem Berge spräche: Hebe dich und wirf dich ins Meer! und zweifelte nicht in seinem Herzen, sondern glaubte, dass es geschehen würde, was er sagt, so wird's ihm geschehen. Darum sage ich euch: Alles, was ihr bittet in eurem Gebet, glaubet nur, dass ihr's empfangt, so wird's euch werden.".[1]

Das bedeutet, wenn wir als Einzelperson wirklich den Glauben hätten, Berge versetzen zu können - und zwar so klar und rein, dass keinerlei bewusste oder unbewusste Zweifel und Befürchtungen dazwischen kämen - dann, und nur dann, wäre es uns möglich, Berge zu versetzen. Vermutlich werden wir trotz dieses Wissens immer noch tief in uns Zweifel daran hegen. Die Gedanken, unser Glaube: „Das kann ja nicht möglich sein. Wie soll es denn auch! Wenn jeder Mensch Berge versetzen könnte?! Nein, das glaube ich nicht!" - wirken so stark, dass es uns wohl eher nicht gelingen kann, tatsächlich Berge zu versetzen.

Zum Glück können wir als einzelne Menschen nicht so einfach in die Natur einwirken und ganze Berge

---

[1] Markus 11, 22-24

versetzen. Die Gedanken und Überzeugungen aller Menschen sind miteinander verbunden. Sie stehen in Wechselwirkung zueinander und wirken aufeinander ein – alle Gedanken zusammen beeinflussen die gesamte Welt. Aber wir haben als Einzelner die Möglichkeit, die Realität unserer inneren Welt – die Gedanken und Überzeugungen - zu verändern, durch die sich die äußere Welt dann ganz von alleine wandelt. Die schöpferischen Kräfte wirken auf die irdische Materie ein und beeinflussen damit die gesamte äußere Welt, durch die sich wiederum unsere Lebensbedingungen wandeln können. Wenn wir uns diese Kraftquelle bewusst machen, werden wir merken, welche Verantwortung wir in Bezug auf unsere Gedanken tragen.

Die Bibel enthält zahlreiche Beispiele, wie Menschen allein durch ihren Glauben auf die materielle Welt eingewirkt haben: Moses, der das Meer teilte, um das Volk in ein anderes Land zu führen; Jesus, der Menschen geheilt und Tote zum Leben erweckt hat, der Wasser in Wein verwandelte und auf dem Wasser laufen konnte. Jesus sagte: „Ihr werdet die gleichen Dinge tun oder noch größeres"! Und außerdem heißt es: „Denn bei Gott ist kein Ding unmöglich!"[1] Zu diesem Thema gibt es eine wunderbare Geschichte von Leo Tolstoi:

„Es waren einmal drei alte Einsiedler, die auf einer einsamen Insel lebten. Die waren so einfach, dass sie immer nur dasselbe Gebet sprachen, nämlich: „Wir

---

[1] Lukas 1,37

sind drei – Du bist drei; Erbarme Dich unser!". Und dennoch geschahen oft große Wunder aufgrund dieses naiven Gebets. Als der zuständige Bischof von diesen drei Einsiedlern und ihrem unstatthaften Gebet erfuhr, entschloss er sich, sie aufzusuchen, um sie die kanonischen Anrufungen zu lehren.

Er landete also auf der Insel, erklärte den Einsiedlern, dass ihr an den Himmel gerichtetes Gebet jeder Würde entbehre und lehrte sie viele der herkömmlichen Invokationen. Danach bestieg er wieder sein Schiff und verließ das Eiland. Doch plötzlich bemerkte er ein strahlendes Licht, das dem Schiff nachfolgte. Als es sich näherte, erkannte er die drei Einsiedler, die sich an den Händen hielten und eilig über die Wellen liefen, um das Fahrzeug einzuholen. „Wir haben die Gebete vergessen, die Ihr uns gelehrt habt", riefen sie, als sie den Bischof erreicht hatten. „Dann sind wir Euch nachgelaufen; könnt Ihr sie uns bitte wiederholen?" Doch der Bischof schüttelte ehrfürchtig sein Haupt. „Liebe Brüder", erwiderte er demütig, „sprecht euer altes Gebet weiter!"

Diese Geschichte zeigt, dass der Glaube, der hinter den Worten eines Gebetes steht, das Wesentliche ist, und dass diesem Glauben, wenn er unerschütterlich ist, nichts im Wege stehen kann.

Selbst die Wissenschaftler sind in ihren neueren Forschungen zu dem Ergebnis gekommen, dass wir Menschen mit der Kraft unseres Willens Materie beeinflussen können. Oder denken wir nur an den Placebo-Effekt: Immer deutlicher erkennen Wissenschaftler, dass erkrankte Menschen durch Placebos (wirkstofflose Imitationen eines Medikamentes) Heilung erfahren können. Selbst bei Operationen konnte das Phänomen des Placebo-Effektes festgestellt werden. Chirurgen haben in solchen Fällen zwar den Körper geöffnet, aber an dem erkrankten Organ nichts verändert - ohne den Patienten darüber aufzuklären. Durch das starke Glaubenskonzept des Patienten - „Wenn der Arzt mein Leiden wegoperiert, geht es mir besser!" – fühlte sich dieser dennoch von seinem Leiden befreit. Ich bin davon überzeugt, dass derlei wissenschaftliche Erkenntnisse uns zu völlig neuen Glaubenseinstellungen in Bezug auf Krankheiten führen werden.

Der Aura-Chirurg Gerhard Klügl behandelt Gelenke mit chirurgischen Bestecken nur an der Aura – also so, dass er außerhalb des Körpers an der betroffenen Stelle hantiert. Dennoch spüren die Patienten die Behandlung körperlich und es ist danach wissen-schaftlich beweisbar, dass die Körperstelle dadurch geheilt wurde. Vielleicht geschieht die Heilung allein dadurch, weil der Aura-Chirurg dem Patienten sein Tun genauestens beschreibt und der Patient dies in seine Gedankenmuster einbeziehen kann?

Auch an einem kleinen Beispiel, das wir alle leicht nachvollziehen können, ist die Wirkung der Gedanken auf die Materie – unseren physischen Körper – anschaulich erkennbar: Wenn wir an eine Zitrone denken! Stellen wir uns vor, wie wir sie aufschneiden, ein Stück davon abschneiden und in den Mund legen, dann reagiert der Körper nur allein durch diese

Vorstellung und es läuft uns „das Wasser im Mund zusammen". All diese Beispiele verdeutlichen, dass die Kraft der Gedanken und unseres Glaubens eine Auswirkung haben.

Das, was wir glauben und das, wovon wir überzeugt sind, wurden uns schon von den Eltern und der Umwelt in die Wiege gelegt. Tief im Inneren sind all die Familienstrukturen und Lebensprogramme, die wir von Kindheit an von den Eltern übernommen haben, verankert und im Allgemeinen übertragen wir dieses „Erbe" gewohnheitsmäßig auf unser eigenes Leben. Die Lebensprogramme und Glaubenssätze prägen unsere Wahrnehmungen, Erfahrungen und Einstellungen zur Welt. Wir sind jedoch nicht nur verbunden mit all den Erfahrungen aus unserer Kindheit, sondern auch mit allen noch unerlösten Glaubenssätzen unserer vielen früheren Inkarnationen und natürlich auch mit den Glaubenssätzen der ganzen Gesellschaft und Kultur, in die wir hineingeboren wurden.

Letztlich sind alle Gedankenformen der ganzen Welt in uns gespeichert. Wir sind alle viel mehr miteinander verbunden, als wir glauben. Mit den Gedankenmustern aus dem ganzen Familien- und Menschheitserbe formen wir alle zusammen unsere Gesellschaft, unsere Welt, ja das ganze Universum. Wir alle zusammen formen die Kriege durch Gedanken und Gefühle der Aggression, des Neids und des Unfriedens; wir kreieren uns Krankheit, Leid und Tod. Gedanken haben die Kraft zu zerstören und zu vernichten - oder zu heilen und zu helfen. Wir müssen lernen, zu begreifen, dass das ganze Weltgeschehen, mit all seinen Freuden und Leiden, aus dem eigenen kreativen Schaffen entsteht und wir alle miteinander dafür verantwortlich sind. Gerade bei den chaotischen Zuständen, denen wir aktuell in der Welt ausgesetzt sind, mit Kriegen, den sozialen und politischen Unruhen und den klimatischen Veränderungen, ist es besonders wichtig zu verstehen, dass es nicht die Machthaber allein sind, die Kriege anzetteln. Sie sind die Ausführenden. Wir alle zusammen erschaffen Kriege und Zerstörungen durch die Kraft unserer Gedanken, die sich mit gleichen Gedanken und Gefühlen anderer Menschen verbinden, sich dadurch verstärken und sich in der Welt ausbreiten.

Es ist uns aber möglich aus derartigen Gedankenmustern auszusteigen! Wir haben die Wahl, ob wir weiterhin Leid und Dunkelheit ins Leben rufen oder uns endlich dieser Gedankenkräfte bewusst werden und sie in positive Richtungen lenken. Durch das Erkennen dieser uns beherrschenden Kräfte und durch die Umwandlung unseres Denkens und Handelns schaffen wir die Möglichkeit, unsere Umwelt zu verändern und Frieden, Fülle, Harmonie und Gesundheit hervorzubringen. Verbinden wir uns mit Frieden und Licht, erzeugen wir Lichtpunkte, die sich mit all den Gleichgesinnten verbinden und Licht und Frieden auf der Welt erschaffen.

Selbst wenn die kollektiven Gedankenmuster uns selbst unbewusst sind, wirken sie dennoch auf unser aller Leben ein. Je mehr Menschen an ein bestimmtes Konzept glauben, desto stärker ist die Kraft dieses

Konzeptes. Und umso schwieriger ist es als Einzelner ein solches Programm zu ignorieren und etwas anderes zu glauben. Deshalb fällt es uns so schwer, so sehr festgefügte Überzeugungen wie beispielsweise ‚Materie ist fest, statisch und unveränderlich' oder auch die Glaubensmuster an die Existenz von Alter, Krankheit und Tod aufzulösen. Tatsächlich existiert das alles nur, weil wir alle zusammen fest daran glauben.

In dem Moment, in dem wir das Gesetz der Schöpfung erkennen, haben wir die Möglichkeit unsere Wirklichkeit - also das, was wir bewirken - durch die Gedanken und unseren Glauben zu verändern.

Ich will damit nicht sagen, dass solch eine Veränderung leicht zu bewältigen ist. Wir können uns so schnell nicht von alten, lang geprägten Mustern loslösen und umdenken. Wir müssen Geduld aufbringen und uns die Zeit nehmen, mit kleinen Schritten in unserem Alltag zu beginnen, veraltete Glaubensmuster zu erkennen, uns von ihnen zu verabschieden und dafür neue aufzubauen. Geduld ist einer der wichtigsten Aspekte auf dem spirituellen Weg. Sie bedeutet völliges Vertrauen in den Göttlichen Plan zu haben und die Gewissheit, dass alles zur rechten Zeit geschieht. So sollten wir nicht den Mut verlieren, wenn das bewusste Gestalten unseres Lebens nicht sofort sichtbar wird. Es braucht eine Weile, bis die unbewussten Muster ihre Kraft verlieren - sie haben uns meist schon viele Leben begleitet. Die neuen bewussten Gedanken, die wir in das Geistige Dasein setzen, benötigen ihre Zeit, um in der irdischen Welt Form anzunehmen.

Ich erinnere mich, wie mir das Gesetz von Ursache und Wirkung bewusst wurde: In jungen Jahren lief ich hocherhobenen Kopfes durch die Straßen und grüßte mir bekannte Menschen oft gar nicht. Ich hatte das Gefühl, die mögen mich alle nicht, die finden mich blöd. Was sie wohl auch taten - auf Grund meines Verhaltens verhielten sich die meisten mir gegenüber eher distanziert. Später hatte ich eine Freundin, die begrüßte alle Menschen freundlich, lächelte und sprach sie spontan an. Die Menschen waren ihr gegenüber freundlich, lächelten und nahmen Kontakt zu ihr auf. Ich beobachtete diese Situationen - und ich begriff! Ich traute dem Ganzen nicht sofort und versuchte es ganz vorsichtig: Ich lächelte und grüßte ein wenig - und ein kleines Lächeln kam zurück. Mit der Zeit fasste ich Mut und lächelte noch freundlicher – und mein Gegenüber reagierte ebenso. So geschah eine große Wandlung in mir und in meinem Kontakt zu anderen Menschen. Das indische Märchen „der Tempel der tausend Spiegel" erzählt von einer ähnlichen Erfahrung:

„Ein Hund hatte von dem Tempel der tausend Spiegel gehört. Er wußte nicht, was Spiegel sind, aber er hatte eine große Sehnsucht, den Tempel zu besuchen. Nach wochenlanger Wanderung langte er dort an. Er lief die Stufen hinauf. Als er durch die Eingangstür gegangen war, da blickten ihn aus tausend Spiegeln tausend Hunde an. Da freute er sich und wedelte mit dem Schwanz. Da freuten sich auch in den Spiegeln tausend Hunde und wedelten mit dem Schwanz. Er verließ den Tempel in dem Bewußtsein: Die Welt ist voller freundlicher Hunde. Von da an ging er jeden Tag in den Tempel der tausend Spiegel.

Am Nachmittag kam ein anderer Hund in den Tempel der tausend Spiegel. Als er durch die Eingangstür gegangen war, blickten ihn aus tausend Spiegeln tausend Hunde an. Da zeigte er vor Angst die Zähne und knurrte. Da knurrten aus den Spiegeln tausend Hunde zähnefletschend zurück. Der Hund zog den Schwanz ein und eilte davon in dem Bewußtsein: Die Welt ist voller böser Hunde. Nie wieder wollte er in den Tempel der tausend Spiegel.

Der Tempel der tausend Spiegel ist die Welt. Wer egoistisch und streitsüchtig ist, der erlebt auch Egoismus und Streit in der Welt. Wer sich aber fröhlich und freundlich umsieht, der findet auch freundliche Gefährten."[1]

Unsere Umwelt ist der Spiegel für unser Verhalten - und unser Verhalten ist der Spiegel unserer inneren Einstellung. Das Sprichwort „Wie wir in den Wald hineinrufen, so schallt es heraus" bestätigt uns, dass wir selbst Schöpfer unserer Welt sind und somit auch selbst entscheiden können, was wir ‚in den Wald hinein rufen' - was wir letztlich glauben und denken wollen.

Wir können von dem Grundsatz ausgehen, dass alles, was wir aussenden, auf uns zurückfällt; das heißt, dass wir das, was wir erleben, selbst geschaffen haben. Alles, was uns widerfährt, geschieht kraft dessen, was wir glauben. „Wir ernten das, was wir säen", heißt es

---

[1] Buddhistische Schatzkiste, S. 151

in der Bibel. In den fernöstlichen Kulturräumen ist dies bekannt als das Karmagesetz, das Gesetz von Ursache und Wirkung. Die Frucht, die wir heute ernten, ist aus dem Samen erwachsen, den wir in der Vergangenheit gelegt haben - wobei sich diese Vergangenheit ausdehnt bis in viele frühere Leben zurück. Und die Samen, die wir heute, jetzt im Augenblick säen, werden die Früchte unserer Zukunft sein. Das bedeutet: Je nachdem, wohin wir die Energie der Gedanken, also die Samen, lenken - ob auf Wut, auf Ängste und Zweifel oder auf das Vertrauen, an die Göttliche Liebe und Fülle -, werden wir unsere Zukunft gestalten.

Das Karmagesetz ist völlig neutral, ohne Moral und ohne Strafe - nur Ursache und Wirkung! Bei uns im Westen wird das Gesetz des Karma allerdings auch häufig in einem negativen Sinn verwendet und als eine Art Sündenbock benutzt, dem wir die Schuld zuschieben, wenn uns das Leben schwer und als Last erscheint. Oder wir gebrauchen es als Entschuldigung, um an dem momentanen Zustand nichts ändern zu müssen. „Mein Leben ist so schwer. Ich habe ein solch schweres Karma aus früheren Leben abzuarbeiten" - so höre ich Menschen öfter klagen. Mit dieser Einstellung verfestigen wir in uns das Bild, dass wir als arme Sünder und als Opfer die Strafe durch Leid und Schmerz abbüßen und uns plagen müssen für etwas, das wir in anderen Leben ‚verbrochen' haben und verharren dadurch in der Schwere und im Leid. Auf diese Weise benutzen wir das Karmagesetz als unser eigenes inneres Gericht, das besagt, wir müssen bestraft werden, wenn wir Böses tun oder belohnt werden, wenn wir brav sind. Diese tief in uns eingegrabenen Konzepte des Bestrafens und Urteilens rufen Schuld und Angst in uns hervor, die unser Leben blockieren.

Das karmische Gesetz ist kein Straf-Gesetz, es ist ein Gesetz der Liebe. Wir können es auch so sehen, dass wir die Chance erhalten, etwas wieder ‚gut‘ zu machen, wieder auszugleichen, was wir früher aus dem Gleichgewicht gebracht haben. Oder mit anderen Worten: Wir bekommen die Gelegenheit, wieder ‚auf unseren Weg zu finden‘, wenn wir durch früheres Handeln vom Weg abgekommen sind. Auf diese Weise haben wir die Möglichkeit, konstruktiv mit schwierigen Lebenssituationen umzugehen und uns zu fragen: „Was will mir diese Situation sagen?“, „Was kann ich daraus lernen?“, „Und wie kann ich sie erlösen bzw. heilen?“ - anstatt sie einfach ‚abzubüßen‘ und zu erleiden.

Andererseits kann uns das Karmagesetz eine Hilfe sein, um zu lernen, das, was jetzt ist, als ein Resultat der eigenen Handlungen zu akzeptieren und anzunehmen. So können wir von dem alten Konzept eines ‚Sünden-Musters‘ loslassen und uns die vergangenen Taten verzeihen, uns und unser Leben heute in Liebe akzeptieren und uns so annehmen, wie wir sind.

Es ist ein Hand-in-Hand-gehen einerseits mit dem Annehmen von schwierigen Situationen, die uns das Karma beschert hat, und andererseits mit dem Wissen, dass wir zu jeder Zeit unser Leben verändern und neu gestalten können.

Im Grunde ist ‚Karma' eine Illusion und existiert nur als ein Konzept auf einer bestimmten Bewusstseinsebene.

Stellen wir uns eine Münze vor: Die gesamte Münze mit ihren zwei Seiten symbolisiert das Leben, das Sein. Die eine der beiden Seiten ist dabei die weltliche Seite, die Ebene, in der wir mit der Ich-Identifikation leben und an den Verstand gebunden sind. Auf dieser Ebene existieren Ursache und Wirkung, also Karma. Die andere Seite der Münze dagegen steht in diesem Beispiel für das Sein mit erweitertem Bewusstsein, das erwacht oder erleuchtet und damit von der Identifikation mit dem Ich und dem Verstand befreit ist. Auf dieser Ebene kann es kein Karma geben, denn Ursache und Wirkung sind an Zeit und Raum gebunden – im Jetzt dagegen sind wir aus dem Gesetz des Karma herausgehoben.

Wir haben das Konzept des Karma in früheren Leben benötigt, um einen Ausgleich der ‚guten' und ‚bösen' Taten schaffen zu können. Aber es ist allein unser eigenes Urteil, das Karma geschaffen hat. Erheben wir uns auf eine andere Bewusstseinsebene, werden wir erkennen, dass sich das Höhere Selbst für all die Leben, in denen wir etwas ‚verbrochen' haben, bewusst entschieden und alle Vergehen und Fehler selbst geplant hat. All diese Leben haben uns dazu gedient, Erfahrungen zu machen und daran zu wachsen. All das

Geschehene war und ist hilfreich für uns. Wir brauchen es nicht zu bewerten.

Sind wir nicht oft genug zu der Erkenntnis gekommen, aus Leid zu wachsen? Dass wir gerade durch leidvolle Situationen zu wundervollen lebenserfüllenden Ereignissen - durch Wege in die Tiefe hoch zum Licht - gefunden haben? Anstatt solche leidvollen Erfahrungen als schlechtes Karma zu bewerten, können wir ebenso sagen: „Das Leid war mein Glück und hat mich auf eine wunderbare Lebensspur geführt!" So gesehen kann es nichts ‚abzubüßen' oder ‚wieder gut zu machen' geben. Denn im großen Universum gibt es keine Fehler - sondern nur Vollkommenheit.

Nach welchen Kriterien sollten wir denn auch beurteilen, ob ein Geschehen oder eine Tat positiv oder negativ, gut oder schlecht ist? Wann beginnen Situationen, Handlungen, Emotionen oder Gedanken? Und wann enden sie? Alles Geschehen hängt doch miteinander zusammen, ist in einem Fluss ohne Anfang und ohne Ende. Da gibt es keine Grenzen – nur aufeinanderfolgende Begebenheiten. Jedes Geschehnis im Leben eines Einzelnen ist auf alles Weltgeschehen bezogen. Das, was an einem Ort in einem bestimmten Moment geschieht, hat Auswirkungen auf alles Leben und auf alle weiteren Momente. Unaufhörlich sich wandelnde Ereignisse sind miteinander verwoben. So sind auch die karmischen Gesetzmäßigkeiten nichts Starres, Festgefügtes und wir können stets unser Leben in eine andere Richtung lenken.

Wir sind zwar heute das Ergebnis all unserer Erfahrungen, Gedanken, Worte und Taten aus bisherigen Leben und haben dafür die volle Verantwortung zu übernehmen. Aber wir können in jedem Moment für unser Leben neu entscheiden, unsere schöpferischen Fähigkeiten wahrnehmen und uns ein Leben in Freude, Fülle und Liebe kreieren, mit der absoluten Sicherheit, dass es sich zur rechten Zeit – wann immer es auch sein mag - realisieren wird. Denn die Art und Weise, wie wir dem Leben begegnen, wie wir auf die Lebenssituationen mit Gedanken und Gefühlen reagieren, bestimmen unseren weiteren Weg. Wir können nicht alle Geschehnisse in unserem Leben kontrollieren und bestimmen, aber wir können wählen, wie wir Ereignissen und Umständen begegnen - ob wir sie im Vertrauen annehmen oder mit Angst, Wut oder Schuldgefühlen reagieren.

Wir ernten also heute das, was wir gestern ausgesät haben und diese ‚Ernte' gilt es zu bearbeiten. Gleichzeitig beinhaltet die Art und Weise, wie wir dies tun, das ‚Saatgut', welches wiederum zur ‚Ernte von Morgen' wird. Demzufolge sollten wir verantwortlich umgehen mit all unseren Gedanken, Worten und Taten, die die Verarbeitung der aktuellen ‚Ernte' begleiten.

Mit all dem, was wir glauben, denken, wünschen oder wollen gestalten wir unser Leben, unser Schicksal. Aber wir sind dabei nicht nur mit den Gedanken, die dem bewussten Verstand entspringen, schöpferisch tätig. Vielmehr gestalten wir unser Leben aus der Ganzheit heraus, mit all den verschiedenen

Persönlichkeitsanteilen, den bewussten und unbewussten. So hindern uns in vielen Fällen gerade die verborgenen Anteile am Erreichen des Zieles, das wir uns auf der bewussten Ebene gesetzt haben.

Auch die Wirkung, die wir auf andere Menschen ausüben, entsteht weniger durch unsere Worte, sondern eher durch das Nichtverbale. Alle Gedanken, Gefühle und Wünsche, die wir unterschwellig ausstrahlen, werden von anderen Personen ebenso unterschwellig aufgenommen – und das wirkt wesentlich stärker als all das, was wir ihnen direkt durch Worte und Taten vermitteln.

Die Glaubenssätze – ob wir uns ihrer gewahr sind oder nicht - sind sehr tief in uns verankert. Glauben wir beispielsweise daran, dass uns etwas nicht gelingen wird, dass wir versagen werden - dann versagen wir, dann schaffen wir es nicht. Selbst wenn wir oberflächlich denken: „Ich schaffe es!", gelingt uns ein Vorhaben eben trotzdem nicht, sobald wir tief im Inneren zweifeln oder aus irgendwelchen Gründen Angst haben - zum Beispiel die Angst, der Verantwortung, die mit unserem Ziel verbunden ist, nicht gewachsen zu sein oder die Befürchtung, das Vorhaben könnte misslingen. Es gibt jedoch auch die umgekehrte Situation: Menschen, die sich etwa aus Angst vor Enttäuschung auf der bewussten Ebene von vornherein sagen: „Das schaffe ich nicht!" – schaffen es dennoch, sofern der Wille in ihrem Unbewussten stärker ist.

Wenn wir also bewusst etwas Bestimmtes tun möchten – im Verborgenen aber Angst davor haben oder am

Erreichen des Zieles zweifeln -, wird die unbewusste Kraft der Angst und der Zweifel alles daran setzen, um dem Vorhaben entgegenzuwirken. Sie wird Hindernisse aller Art in den Weg legen. Unser Erleben ist dann, dass wir etwas tun wollten, aber uns ‚etwas dazwischen' kam - die Angstenergie hat sich vor das Ziel unseres Vorhabens gestellt.

Ich erinnere mich, wie sich mir vor vielen Jahren solch ein Hindernis vor meinen Plan gestellt hat, als ich zu einem Seminar fahren wollte. Obwohl ich dieses Seminar sehr gerne mitmachen wollte, hatte ich zu dem Zeitpunkt noch große Angst davor. Ich fuhr auf die Autobahn, um zu dem Ort zu gelangen, in dem das Seminar stattfand. Ohne dass es mir auffiel, nahm ich die falsche Auffahrt und entfernte mich immer mehr von meinem eigentlichen Zielort. Erst nachdem ich einige Kilometer gefahren war, bemerkte ich es plötzlich und kehrte um. Auf der weiteren Fahrt konnte ich mich dann meinem „Angst-Anteil" zuwenden, die Angst konkretisieren und diesen Teil in mir beruhigen, bevor ich dann mit Verspätung bei der Veranstaltung ankam.

Immer wieder höre ich von Menschen, die sich von der Gedankenkraft enttäuscht fühlen, Sätze wie: „Ich mache schon die ganze Zeit meine Affirmationen (geistige Bekräftigung eines Wunsches), aber ich bekomme keine neue Wohnung!" Mit der überzeugten Aussage „Ich bekomme keine neue Wohnung!" heben sie die Affirmation des Wunsches nach einer neuen Wohnung wieder auf. Damit sie sich verwirklichen kann, muss aber die ganze Kraft und volle

Überzeugung ohne jeden Zweifel in die Affirmation fließen. Dann lassen wir den Wunsch los, im Vertrauen darauf, dass er sich zur rechten Zeit manifestieren wird.

Um alle Ängste und Zweifel, die uns am Erreichen der gesteckten Ziele hindern, bewusst zu machen, ist es notwendig, uns ihnen mit einem ersten Schritt zuzuwenden und sie dann durch den Glauben an die Schöpferkraft und das Vertrauen auf uns selbst zu ersetzen. Zunächst haben wir beispielsweise Ängste und Zweifel, leben nach den alten Glaubenssätzen: „Ich kann das nicht!", „Ich schaffe das nicht!" – doch daneben können wir Vertrauen aufbauen: „Ich werde es doch schaffen, ich habe die Kraft dazu!" Wenn wir uns immer wieder diesem Vertrauen zuwenden, uns den Satz des Vertrauens als Affirmation aufsagen und in dieses Vertrauen hinein spüren, stärken wir diesen Teil in uns. Wie in einer Schwangerschaft kann er wachsen und immer größer werden. Die Ängste und Zweifel sind zwar gleichzeitig auch noch da – aber wir entziehen ihnen in dem gleichen Maße Kraft, wie wir uns dem Vertrauen zuwenden, so dass sie mit der Zeit immer schwächer und kleiner werden. Mit Geduld können wir dann irgendwann einmal feststellen, dass der Anteil an Vertrauen stärker ist als der Anteil der Ängste. Schließlich lösen sich die Rest-Ängste komplett auf und das Vertrauen übernimmt vollständig die Führung für unsere Handlungen.

Damit wir die Verantwortung für unsere Persönlichkeitsanteile, mit denen wir unser Leben gestalten, übernehmen können, müssen wir die hinter den

Worten und dem Handeln verborgenen unbewussten Motive – die Gefühle von Angst, Wut, Feindschaft und all die Begierden - in das Bewusstsein emporheben und uns ihnen stellen. Dadurch können wir diese Kräfte kennen lernen, können sie an die Zügel nehmen und ihnen nach unserem Willen Einhalt gebieten. Die Tarotkarte VII, der Wagen, (in einer früheren Version wurde der Wagen mit Pferden statt mit zwei Sphinxen gezogen) zeigt uns solch eine Art Disziplin bildlich auf: Die Pferde stellen die Kraft der Triebe, Wünsche, Begierden und Gefühle dar. Würden wir, als Wagenlenker, einfach auf dem Wagen sitzen und die Pferde unbeachtet lassen, so könnten wir ihre Kraft nicht kennen lernen und einschätzen. Welches Unheil würden sie anrichten, wenn wir ihnen einfach freien Lauf ließen! Beachten wir sie aber und nehmen sie an die Zügel, können wir ihre Kraft zielgerichtet einsetzen. Nur dann haben wir die Chance, über diese Anteile hinauszuwachsen und den bewussten höheren Willen für die Gestaltung unseres Lebens einzusetzen.

Vor der Begegnung mit diesen verdrängten, unbekannten und damit bedrohlichen Anteilen haben viele Menschen Angst, und aus dieser Angst heraus bleiben sie lieber unwissend, bleiben in der Rolle, in der sie das Opfer des Schicksals sind. Sie lassen unbewusst ihren Wünschen und Ängsten weiterhin freien Lauf, ohne die Konsequenz zu erkennen und die Verantwortung zu übernehmen. Sie beschweren sich über ihr Leben, ihre Umwelt, ihre Mitmenschen, über das Schicksal und über Gott, ohne zu erkennen, dass es ihre eigene Schöpfung ist, die sie vor sich sehen. Das Verdrängen der unerwünschten Persönlichkeitsanteile kann keine Lösung sein. Im Gegenteil, durch das Beiseiteschieben bleiben diese Anteile lebendig und wirken - für uns nicht zugänglich - auf unser Leben ein. Nur wenn wir bereit sind, uns diesen ‚niederen' Aspekten in uns liebevoll zuzuwenden und lernen, mit Unterscheidungsvermögen und einem starken Willen mit ihnen umzugehen, können sie umgewandelt und erlöst werden.

Indem wir uns selbst Fragen stellen, können wir unsere Glaubensmuster und Grundeinstellungen zum Leben leichter ins Bewusstsein bringen. Zum Beispiel: „Glaube ich an Begrenzungen oder glaube ich an die Fülle in meinem Leben?" - „Glaube ich an meine Fähigkeiten oder glaube ich: Ich kann es nicht?" - „Wie eng sind meine Vorstellungen, wie etwas sein sollte?" - „Glaube ich daran, dass es verschiedene Möglichkeiten gibt etwas zu tun?" Wenn wir ein Ziel haben, ist es hilfreich uns zu fragen: „Gibt es in mir Ängste, dieses Ziel zu erreichen? Und um was für Ängste handelt es sich?". Und wenn wir ganz mutig sind können wir nach unseren tief im Inneren liegenden Gefühlen der Wut und Gewalt fragen.

Um unser Leben bewusst mit der Gedankenkraft zu gestalten, müssen wir lernen, neben den Gefühlen auch unsere Gedanken zu kontrollieren. Kontrollieren bedeutet nicht, dass sie nicht da sein dürften, wir sie wegdrücken oder verdrängen müssten, wie oft fälschlicher Weise angenommen wird. Im Allgemeinen kommen und gehen die Gedanken völlig unkontrolliert und unbemerkt - wir lassen sie laufen, wie sie wollen.

Achten wir über eine gewisse Zeit einmal auf unsere Gedanken, werden wir merken, dass sie ununterbrochen in Aktion sind. Wir denken ohne Unterlass und oft führen wir - gefangen in den Gedanken - in unserem Inneren lange Selbstgespräche.

Sich der Gedanken bewusst zu sein und sie zu beherrschen, ist ein Lernprozess, der viel Geduld, Ausdauer und Achtsamkeit verlangt. Der erste Schritt dazu ist, sich als Beobachter neben diese Gedanken zu stellen und ihr Kommen und Gehen wahrzunehmen, ohne sie zu bewerten oder einzuordnen. Wir können versuchen, sie zu beobachten - ohne ihnen nachzugehen oder sie zurückzuweisen. Mit unserer Angst können wir ebenso verfahren. Auch sie können wir beobachten, ohne sie zurückzuweisen oder gegen sie anzukämpfen. Nur Zeuge sein - ohne sich mit der Angst zu identifizieren oder ihr Widerstand zu leisten.

Der beste Weg, der Herr seines eigenen Schicksals zu sein, ist, voll und ganz in der Gegenwart zu leben und jeden Gedanken, jedes Gefühl und jedes Tun mit der Haltung des Beobachters wahrzunehmen. Wolfgang Kopp, ein westlicher Zen-Meister, lehrt uns dieses reine Gewahrsein durch ein Gespräch zwischen Schüler und Meister:

> „Ein Schüler kommt zu seinem Meister und fragt: „Meister, was ist dein Zen (das heißt, was ist deine Art, im Zen zu leben)?" Und der Meister sagt: „Wenn ich hungrig bin, esse ich, und wenn ich müde bin, schlafe ich." – „Ja", sagt der Mönch, „das ist ja alles ganz schön und gut, aber das tun wir doch alle. Was

ist denn da so Besonderes dran?" – „Nun", sagt der Meister, „wenn ihr eßt, dann habt ihr dabei tausend Gedanken und seid im Da und Dort, und wenn ihr schlaft, habt ihr in euren Träumen viele Ängste und Wünsche. Doch wenn ich esse, esse ich und sonst nichts. Das ist mein Zen."[1]

Dieses „Leben in der Gegenwart", „Leben im Augenblick" bedeutet auch, „in der Mitte" zu sein, „in sich" zu ruhen. Den Gegensatz dazu, wenn uns Gedanken und Gefühle beherrschen und wir „außer uns" oder „aus der Haut gefahren" sind, kennen wir alle. Solange wir den Abstand zur Gedankenwelt und die Sicherheit und Gelassenheit des Zen-Meisters jedoch noch nicht besitzen, ist es für uns wohl notwendig, die Gedanken „an die Leine" zu nehmen, ihnen gegebenenfalls Einhalt zu gebieten und sie durch andere Gedanken, Affirmationen oder Glaubenssätze auszutauschen, anstatt „aus der Haut zu fahren".

Es ist uns allen möglich, die Geschäftigkeit unserer Gedanken zu beobachten. Wir werden dabei registrieren, wie oftmals zuerst ein Gedanke in uns auftaucht und schnell ganze Sätze nachfolgen. Gefühle, Bewertungen und Kommentare würden dann am liebsten gleich einhaken. Wir können ihnen jedoch ein klares „Nein" entgegnen, damit sie sich gar nicht erst in uns festsetzen können und unsere alten Konzepte nähren. Es ist wichtig, die aufkommenden Gefühle und Bewertungen ruhig zurückzuziehen, die Beobachterrolle beizubehalten und die Gedanken-

---

[1] Wolfgang Kopp, Jenseits aller Worte, S. 11

formen weiterziehen zu lassen. Sobald wir den Gedankenformen keine weitere Beachtung schenken, können wir registrieren, wie sie feiner werden, langsam verkümmern und sich letztendlich ganz auflösen. Bei einem solchen Umgang mit den alten, uns behindernden Gedankenmustern werden wir bemerken, wie uns die Ruhe und der Frieden im Innern erhalten bleiben. Diese Kraft der Ruhe können wir konstruktiv schöpferisch anwenden, um unser Leben zu gestalten. Dann sind wir „Herr" über unsere Gedanken und führen diese an der Leine, anstatt uns von den Gedanken beherrschen zu lassen, so dass diese uns nach Belieben hin und her treiben bzw. ‚außer uns' geraten lassen können.

Eine gute Übung ist es auch, Gedanken und Selbstgespräche für kurze Zeit ganz zur Ruhe kommen zu lassen, um einfach nur hier und jetzt in diesem Augenblick zu sein. Ein Moment des Innehaltens, des Atmens und Wahrnehmens, der Ruhe, des Friedens und der Stille lässt uns „zu uns" kommen und in uns hinein spüren. Wie ein Beobachter können wir die ganze Aufmerksamkeit auf unseren Körper lenken und wahrnehmen, wie es sich beispielsweise anfühlt, auf den Füßen zu stehen oder auf einer Unterlage zu sitzen. Wir spüren einfach, was uns die Umwelt gerade jetzt vermittelt, spüren unseren Atem, wie er ein- und ausfließt. Solch einen kostbaren Augenblick der inneren Stille wahrzunehmen heißt, völlig in ihn hineinzugehen und nicht von ihm getrennt zu sein. Dabei können wir einen Zustand des Heil-seins erfahren. Die Intuition, die Stimme der Seele, kann erwachen und für uns wahrnehmbar werden. Mit solcher Art Stille meine ich keine ‚Geräuschlosigkeit‘. Die Stille von der ich rede hat mit Geräuschen nichts zu tun. Wir können die Stille auch erfahren, wenn um uns herum viel Lärm ist.

In meinen Therapiestunden habe ich gelernt, „still" zu sein. Gerade in den Momenten der Stille, in denen die Gedanken zur Ruhe gekommen sind, ist eine große Kraft zu spüren. In dieser inneren Stille, in der Klient und Therapeut kein Wort sagen, kann das Wesentliche geschehen; der Abwehrmechanismus kann sich lösen, eine andere Ebene kann zum Wirken kommen, weil der Verstand mit seinen Gedanken nicht mehr als Hindernis dazwischen steht. Klarheit und Erkenntnis können aufsteigen. Diese Stille zuzulassen ist eher ein Loslassen, statt ein Konzentrieren, bei dem man sich auf etwas Bestimmtes zentriert. „Sich konzentrieren auf etwas" ist Sache des Verstandes. Konzentrieren wir uns auf etwas, legen wir das ganze Bewusstsein in den Verstand, anstatt uns vom Verstand zu lösen und das Geschehen wahrzunehmen. Konzentration heißt: Zusammenziehen, Einengen. Beim Wahrnehmen im Jetzt geschieht genau das Gegenteil: Wir geben jeglichen Focus, jegliches Zentrieren auf und werden „weit", damit die Stille in uns „hineinfallen" kann.

Immer wenn wir Gedanken festhalten, entwickeln wir automatisch ein Konzept daraus. Auf all unsere vergangenen Erinnerungen, früheren Erfahrungen, auf Abneigung und Zuneigung reagieren wir, ordnen das Erlebte in ein System ein und identifizieren uns damit. Fortwährend projizieren wir unsere Überzeugungen in jede weitere Situationserfahrung, um sie dadurch immer wieder neu bestätigt zu finden. So reiht sich in unserem Verstand eine festgelegte vergangene Geschichte an die andere, mit der wir wiederum zukünftige Situationen verknüpfen. Um alles Erlebte in einen festgefügten Rahmen eingliedern zu können, legen wir Fakten über Ursache und Wirkung fest: „Das ist so, weil...". Auf diese Weise bauen wir einen Verstand auf, der mit Ideen und vorgefassten Anschauungen vollgestopft ist.

Da wir meist nur das akzeptieren, was diesen festgefahrenen Vorstellungen und Konzepten entspricht, scheint es uns, als ließen sich die Dinge und damit die Welt nicht mehr ändern. Aber wir könnten im Grunde genommen alles verändern. In Wirklichkeit ist nichts festgelegt. Anstatt geistig „weit" zu werden, grenzen wir uns selbst durch unsere starren Gedankenmuster ein, die sich nur aus all dem zusammensetzen, was wir in unserem Leben gesehen, gehört, gelernt und gelesen haben. Hätten wir andere Erfahrungen gemacht, so hätten wir auch andere Vorstellungen ausgebildet. Jeder Mensch hat seine eigenen Theorien von der Welt und vom Leben. Gerade heutzutage können wir im Internet die unterschiedlichsten Standpunkte über ein bestimmtes Thema finden. So leben oft die unterschiedlichsten Konzepte, die wir im Einzelnen jedoch für belegbar und einzig gültig halten - die sich sogar teilweise widersprechen – nebeneinander. Wenn wir uns mit solch widersprüchlichen Einstellungen nicht rechthaberisch bekämpfen, können auch die verschiedensten Konzepte harmonisch nebeneinander existieren, ohne dass eines richtiger als das andere sein muss. Im Grunde ist alles „richtig", weil im unendlichen Universum alles möglich ist. Es werden ja auch immer wieder neue Theorien entwickelt und Beweise gefunden, bis wieder neue wissenschaftliche Erkenntnisse aufkommen und neue Theorien zu einem Thema hervorbringen, die die alten Beweise widerlegen. So gab es früher eine Zeit, in der die Menschen genauso davon überzeugt waren, dass die Erde eine Scheibe sei, wie wir heute daran glauben, dass die Erde eine Kugel ist.

All diese Gedankenprogramme mitsamt ihren Beweisen existieren allein in unserem Verstand, und wir haben die Wahl, welches Denkmuster wir für unser Leben annehmen. Selbst unsere spirituellen Wege basieren auf den unterschiedlichsten Konzepten und Methoden. So gibt es zum Beispiel verschiedene Vorstellungen über die Themen wie Chakras, Reinkarnation, Karma, Astralebene und wie ein Leben nach dem Tod aussehen könnte. Bei all dem handelt es sich allein um Konzepte, die wir mit dem Verstand konstruieren. Die Wirklichkeit der feinstofflichen und geistigen Bereiche ist mit dem Verstand jedoch nicht zu erfassen.

Die jeweiligen Konzepte werden uns mit der Zeit zur Gewohnheit und geben uns Sicherheit. Sicherheit bedeutet aber auch „sich festhalten" - während die Aufgabe des Menschen ist, loszulassen, sich dem Göttlichen hinzugeben und frei zu sein.

Dieser Weg ist allerdings meist ein langsamer Prozess, in dem wir auf die Ebene des höheren Bewusstseins hineinwachsen, wo sich das Konzeptualisieren ganz von selbst auflöst und zum Stillstand kommt. Auf dieser Ebene sind wir frei von der Abhängigkeit des Verstandes. Wir können ihn ganz nach Bedarf bewusst einsetzen und das Leben sich selbst in jedem Augenblick neu offenbaren lassen.

Im Normalfall ist es uns gar nicht möglich, einfach zu sagen: „Jetzt höre ich auf, Konzepte zu konstruieren!" Der Verstand ist so sehr daran gewöhnt, Systeme und Theorien zu entwickeln, alles Wahrgenommene zu beurteilen, in logische Begriffe zu fassen und aus den Erfahrungen Schlüsse zu ziehen. Und ein Austausch unter uns Menschen über die Welt und das Leben ist ohne den Verstand und seine Konzepte gar nicht ausführbar. In der materiellen Welt benötigen wir gewöhnlich einen gewissen Rahmen, in den wir die Situationen einordnen und an dem wir uns festhalten können. Ganz ohne Konzepte, ohne Rahmen würden wir uns der Welt hilflos ausgeliefert fühlen. Auch alles, was ich hier schreibe, sind letztendlich nur Konzepte aus denen jeder Leser etwas anderes herauslesen wird. Denn das Wahrgenommene (Gehörte, Gelesene) wird vom jeweiligen Verstand aufgenommen und in die eigenen Konzepte (die verschieden voneinander sind) eingepasst. Alles „Unsagbare", das wir versuchen in Worte zu fassen, wird zu Konzepten und damit getrennt von der allumfassenden Wahrheit.

Es kommt jedoch darauf an, wie wir mit all diesen Vorstellungen umgehen, ob wir sie für Wirklichkeit, für wirkliche objektive Gegebenheiten und damit für festgelegt halten, uns daran klammern und darum kämpfen, dass nur die eigenen Konzepte das allein selig Machende seien - oder ob wir sie spielerisch schöpferisch zu unserer Hilfe und dem Wohl aller einsetzen. Wir haben die Möglichkeit, unsere Standpunkte mit Leichtigkeit zu verbinden und dadurch zuzulassen, dass sie sich verändern, anstatt auf Grund unserer Erfahrungen entsprechende einengende Sichtweisen festzulegen, durch die wir die Welt sehen und interpretieren und daneben nichts anderes gelten lassen. Es gibt so viele Perspektiven eine Situation, einen Menschen und die Welt zu betrachten. Wenn wir erkennen, dass alle Konzepte aus dem Verstand entspringen und nicht aus der „Einen Wahrheit", dass wir die Wahl haben, für welches Konzept wir uns jeweils entscheiden können, sind wir frei und brauchen uns nicht mehr zu bekämpfen, nicht mehr zu streiten, welches Konzept das richtige, allgemeingültige ist. Anstatt ein konditioniertes Leben zu führen, können wir Vorurteile loslassen und die Welt mit neuen Augen wahrnehmen. Bauen wir lieber nicht gewohnheitsmäßig auf die von der Gesellschaft genormten Konzepte, sondern auf den jeweiligen Moment im Leben, auf das Spüren und Empfinden und fragen wir uns: Was benötigt mein Körper, was brauche ich in meinem Leben, in diesem Moment? Wir werden dabei erfahren, wie spannend, bunt und vielfältig jeder neue Tag sein kann. Geben wir also allen veralteten, uns einengenden Glaubensmustern keine Chance mehr!

Nun erschaffen wir mit den Gedanken nicht nur das Diesseits, die irdische Welt, sondern auch das Jenseits, die geistige Welt. All unsere Gedankeninhalte, Wünsche und Glaubensmuster bestimmen unser Leben nach dem Tod: Auf welchen Ebenen der geistigen Welt wir „ankommen" werden und wie der Weg danach weitergeht.

Im irdischen Leben treten die Folgen der Gedanken langsamer in Erscheinung als in der Geistwelt, weil die Erde einer viel niedrigeren Schwingung unterworfen ist. Nach dem Tod dagegen tritt die schöpferische Kraft wesentlich deutlicher zutage. Ein Gedanke formiert sich sofort, da die Energie sich nicht noch in Materie umwandeln muss. Gedanken, Gefühle und Wünsche nehmen sofort Gestalt an. Im selben Augenblick, in dem wir sie denken und fühlen, werden sie in die Realität umgesetzt, und wir sind von einem Augenblick zum anderen immer genau da, wo die Gedanken und Gefühle uns hinlenken. So kann es nach dem Tod sehr irritierend sein, wenn wir von unseren unsteten Gedanken und Gefühlen hin- und hergerissen werden. Das ändert sich erst, wenn wir das dahinterstehende Gesetz erkennen: dass es unsere eigenen Gedanken sind, die uns von einem Ort zum anderen treiben und dass wir durch eigenes Schöpfen unsere Umgebung in der geistigen Welt immer wieder neu erschaffen. Das sollten wir uns vor Augen führen, damit uns klar wird, was es bedeutet, wenn wir nicht schon im Erdenleben lernen, unsere Gedanken und Gefühle unter Kontrolle zu halten.

Wir haben schon jetzt die Möglichkeit, uns die Welt, in die wir nach dem Tod eingehen werden, durch bewusst kontrollierte Gedanken und Wünsche zu formen. Wir können uns bereits zu „Lebzeiten" Bilder in die geistige Welt kreieren, die wir dann dort antreffen werden. Jede Kultur und jede Religion hat ja ihre entsprechenden symbolischen Bilder von einem Weiterleben nach dem Tod, einem endgültigen Ende oder von Himmel und Hölle. So glauben die einen, nach dem irdischen Leben ist alles Bewusstsein erloschen. Andere dagegen glauben, dieses Leben hier auf der Erde sei das einzige und das Bewusstsein oder die Seele geht danach in eine Ewigkeit - in den Himmel oder in die Hölle - ein. Und andere wiederum glauben an viele Wiedergeburten der Seele, die den Körper nach dem Ableben verlässt und sich wieder einen neuen Körper für das nächste Erdenleben sucht. All diese Bilder und Metaphern sind in unserem Inneren gespeichert und prägen unsere Gefühle und Vorstellungen vom Tod und dem „Danach".

Wobei die kollektiven Vorstellungen und Bilder von der Hölle und dem „Jüngsten Gericht" oftmals noch grausam, düster und gruselig sind und die Angst vor einem Weiterleben nach dem Tod verstärken. Ich denke, es ist an der Zeit, diesen sehr alten Bildern friedvollere und lichtvollere entgegenzusetzen. Wir leben heute in einer neuen Zeit, die Welt hat sich verändert, wir sind mit unserem Bewusstsein gewachsen, sind geistig feiner und friedvoller geworden. Somit können wir heutzutage auch dementsprechend lichtvollere Bilder und Vorstellungen von der geistigen Welt entwickeln, als zu früheren Zeiten – Bilder, die uns helfen, die Angst vor dem Tod abzulegen. Wenn wir also mit Hilfe unseres Glaubens Bilder in unserem Inneren aufbauen, zum Beispiel von Jesus, Buddha, dem Göttlichen Licht oder Engeln, die uns führen, werden diese Gedankenformen bei unserem Tod lebendig - und wir werden mitten unter ihnen sein. „Sammelt euch aber Schätze im Himmel an, (...) wo nämlich eure Schätze sind, da zieht es euch hin".[1], so heißt es in der Bibel. Auch Rudolf Steiner beschreibt, wie wichtig es ist, sich schon zu Lebzeiten auf der Erde mit der geistigen Welt auseinander zu setzen und sie Kraft der Gedanken auf uns vorzubereiten. Der Schweizer Psychoanalytiker C. G. Jung schreibt hierzu:

„Darum ist wohl das irdische Leben von so großer Bedeutung, und das was ein Mensch beim Sterben „hinüberbringt" so wichtig."[2]

Und in der Bhagavadgita heißt es:

„Und wer zur Todesstunde mein gedenkt und dann den Leib verläßt, der gehet in mein Wesen ein, das steht fürwahr gewißlich fest. Denn woran man zuletzt gedacht, wenn man aus diesem Leib entweicht, in das wird umgestaltet man, so daß man nach dem Tod ihm gleicht".[3]

---

[1] Matthäus 6,20 - 21
[2] C.G. Jung, Erinnerungen, Träume, Gedanken, S. 314
[3] Bhagavadgita 8, 5-6

Wünsche und Begierden

Nicht nur die Gedanken, sondern auch alles was wir fühlen und wie wir handeln, all unsere Wünsche, Begierden und Triebe hinterlassen Spuren auf unserem Weg. Wir nähren sie, indem wir ihnen Lebenskraft geben.

Die schöpferische Kraft, die Energie selbst, mit der wir unser Leben gestalten, ist erst einmal neutral. Sie steht uns zur Verfügung, damit wir sie benutzen, und wir haben die Wahl, wohin wir sie lenken. Geben wir die Lebenskraft in Liebe, Güte und Mitgefühl für die Menschen, wird dabei auch in uns selbst Liebe und Güte erwachsen und uns mit Licht und neuer Kraft erfüllen. Nähren wir dagegen die Begierden, die Wut und Ängste und lassen ihnen freien Lauf, werden diese in uns wachsen und zunehmen. In gleichem Maße werden diese Energien jedoch auch unseren physischen Körper negativ beeinflussen und können uns dadurch schwächen und Krankheiten entstehen lassen.

Das karmische Gesetz besagt, dass jeder Wunsch, den wir aussenden, irgendwann einmal erfüllt werden muss - entweder in diesem Leben oder in einem nächsten. Die Kräfte, die wir durch unsere Wünsche in Bewegung gesetzt haben, müssen laut Gesetz zum Ausgangspunkt zurückkehren. Dies bezeugen auch die Worte des Zauberers Merlin: „Bedenke wohl, um was du bittest, denn es wird dir gewährt werden". In diesem Zusammenhang ist es für uns wichtig zu erkennen, dass nicht nur die Wünsche, die wir für uns selbst haben, zu uns zurückkehren, sondern auch alle guten und schlechten Wünsche, die wir für andere Menschen aussenden. Nicht umsonst gibt es das alte Sprichwort: „Wer anderen eine Grube gräbt, fällt selbst hinein!" So fällt alles Schlechte, das wir aussenden, letztendlich wieder auf uns zurück. Unsere Wünsche binden uns solange an die Kette körperlicher Wiedergeburten, bis wir dieses Gesetz erkannt und gelernt haben, uns die Wünsche bewusst zu machen und sie zu beherrschen.

Um als spirituell Suchender weiter zu kommen, ist es von Vorteil, über unsere Begierden, Wünsche und Triebe hinauszuwachsen. Wir sollten das Anhaften an alles Irdisch-Materielle auflösen. Die religiösen Schriften aus dem fernen Osten lehren, dass wir unsere Wünsche „überwinden" sollen. Aber was bedeutet das für uns? Heißt es, wir dürfen keine Wünsche mehr haben, müssen in Armut und Kargheit leben? Dürfen wir nicht mehr genießen? Bedeutet es, wir müssen die Welt mit ihrer Fülle und ihrem Reichtum meiden und als Eremit in die Einsamkeit fliehen? Im Neuen Testament schreibt Paulus:

„Den Reichen in dieser Welt gebiete, dass sie nicht stolz seien, auch nicht hoffen auf den ungewissen Reichtum, sondern auf Gott, der uns alles reichlich darbietet, es zu genießen;".[1]

Alle Dinge auf dieser Erde gehören Gottes Schöpfung an. Sie sind Gottes Gut und zum Gebrauch und unserer Freude da. Sie sind eine Leihgabe an uns, für die kurze

---

[1] 1. Timotheus 6,17

144

Zeit, die wir hier auf Erden verbringen. Wir haben die Erlaubnis, all die materiellen Dinge zu benutzen.

Sie sind jedoch nicht dazu da, dass wir sie besitzen, anhäufen und festhalten, aus Angst, wir könnten sie verlieren und morgen vielleicht mit leeren Händen dastehen, Mangel erleiden und in Armut leben. Wenn wir damit beschäftigt sind die irdischen Güter festzuhalten, zu verteidigen und zu beschützen, ist es uns gar nicht möglich sie zu genießen.

Dennoch klammern wir uns meist an unseren Besitz und schauen gleichzeitig schon wieder nach dem nächsten Stück, an das wir unser Herz hängen und setzen all die Energie daran, um es zu bekommen. Wenn wir es in unser Eigentum „einverleibt" haben, beginnt der Kreislauf von vorne: Wir verlangen nach dem nächsten Besitzstück - anstatt endlich loszulassen, um das, was wir bereits besitzen, zu benutzen, zu genießen und Freude daran zu haben.

So messen die meisten Menschen dem materiellen Erwerb den höchsten Wert bei. In einem Auto, einem eigenen Haus, Geld auf der Bank und anderem materiellen Eigentum erleben viele von uns ihre existenzielle Sicherheit. Aber dieser Besitz kann verloren gehen, kann uns weggenommen oder zerstört werden – unabhängig davon, wie sehr wir uns daran binden.

Der einzig wirklich dauernde Besitz, der uns bleibt, ist die innere Sicherheit, das Vertrauen, dass Gott, das Schicksal, der Himmel - oder wie immer wir es nennen

- für uns sorgt und uns immer das Beste gibt, was wir für unser Leben und Lernen benötigen.

Es ist eine gute Übung, wenn wir uns immer mal wieder fragen, ob wir bereit wären, die „Leihgabe Gottes" jederzeit loszulassen und wegzugeben. Wir können mit dieser Erfahrung experimentieren, indem wir durch die eigene Wohnung gehen, ganz bewusst einzelne Besitzstücke in die Hand nehmen und uns erinnern, welchen Weg diese gegangen sind, um hierher zu uns zu gelangen. Vielleicht ist es ein Geschenk, ein Erinnerungsstück oder ein eigener Kauf? Welche Gefühle, Erinnerungen oder Wünsche sind mit diesem Stück verbunden? Und dann stellen wir uns die Frage: Bin ich bereit, es herzugeben? Kann ich es innerlich loslassen? Wohin ginge sein Weg weiter, wenn ich heute sterben würde? Sich gefühls- mäßig in diese Fragen hineinzuversetzen ist eine Hilfe, uns bewusst zu machen, inwieweit wir an unseren Dingen haften. In der Bibel heißt es:

„Macht euch keine Sorgen um das, was ihr essen und trinken und was ihr anziehen werdet. Denn euer himmlischer Vater weiß, dass ihr des alles bedürfet. Trachtet am ersten nach dem Reich Gottes und nach seiner Gerechtigkeit, so wird euch solches alles zufallen. Darum sorget euch nicht für den anderen Morgen, denn der morgige Tag wird für sich selber sorgen. Ihr habt genug zu tragen an der Last von heute."[1]

---

[1] Matth. 6,31-34

Ich habe so viele Menschen auf dem spirituellen Weg erlebt (einschließlich mich selbst), die sich jahrelang Sorgen um ihre finanzielle Existenz gemacht haben. Aber untergegangen ist keiner von ihnen. Es hat sich immer eine Lösung aufgetan, meistens ganz überraschend und aus „heiterem Himmel" - entweder war plötzlich eine Arbeitsstelle freigeworden, oder es kam Geld aus einer Quelle, die man vorher nicht bedacht hatte. Im Nachhinein konnte man immer sagen, dass die Sorgen ganz unnötig waren. Das bedeutet nicht, dass wir nichts mehr tun müssten, dass wir uns zurücklehnen und „Däumchen drehen" könnten. Unsere Aufgabe ist es, dem Göttlichen die Möglichkeit zu schaffen, für uns zu sorgen. Dazu ist es wichtig, dass wir unsere Fähigkeiten und Talente, die Gott uns eingegeben hat, zur Verfügung stellen und bereit sind, Ihm damit als Werkzeug zu dienen. Den Rest können wir dem Göttlichen anvertrauen. Gott wird für uns sorgen, wenn wir Ihm dienen. Das Märchen „Frau Holle" macht uns dieses Prinzip des Gebens und Nehmens deutlich. Bedingungslos dient die Goldmarie dem Göttlichen, indem sie all die Aufgaben erledigt, die auf ihrem Weg liegen: Sie pflückt die Äpfel vom Baum, weil sie reif sind, sie holt die Brote aus dem Backofen, weil diese fertig gebacken sind, sie verrichtet ihre Arbeit bei Frau Holle. Und zum Schluss wird zum Lohn der Segen – der Goldregen - über sie ausgeschüttet. Sie erledigt all diese Arbeiten jedoch nicht für sich selbst, schaut dabei nicht nach den Früchten, nach dem Ergebnis - sie tut es, weil ihr all dies auf ihrem Lebensweg begegnet und es getan werden muss. Oder, sie „ordnet ihre Angelegenheiten und ihre Zeit dem

Erfordernis der Stunde unter", wie Alice Bailey diese Hingabe des Jüngers an Gott zum Ausdruck bringt:

> „Er geht dann dazu über, sich selbst, seine Angelegenheiten und seine Zeit dem Erfordernis der Stunde unterzuordnen, (...). Wenn er dies bewußt tut und daher sein Denken auf die wahren Werte richtet, wird er entdecken, daß für seine privaten Angelegenheiten gesorgt wird, (...)."[1]

Wenn wir uns dem Göttlichen auf diese Weise hingeben, brauchen wir uns nicht zu sorgen und können uns voller Vertrauen an allem erfreuen, was uns auf unserem Weg zur Verfügung gestellt wird. Frei sein von der Anhaftung an materielle Güter heißt: sie zu benutzen und zu genießen, aber nicht von ihnen abhängig zu sein - sich am Wohlstand zu erfreuen, aber sein Herz nicht daran zu verlieren.

Ein wenig vorzusorgen kann hilfreich sein. Was wir jedoch in unserer westlichen Gesellschaft tun, ist ein Anhäufen von Besitz aus einem Mangeldenken heraus. Wir haben Angst, dass nicht für uns alle ausreichend an Wohlstand zur Verfügung steht, oder dass wir mit wenig Besitz nicht genügend Wert sind, nicht anerkannt werden.

Nicht nur in der christlichen Tradition wurde uns immer wieder vermittelt, dass auf ein karges, armes Leben auf Erden die Fülle, der Reichtum des Paradieses folge.

---

[1] Alice A. Bailey, Telepathie und Ätherkörper, S. 211

Höchstwahrscheinlich haben viele von uns solche strengen Armutsmuster aus früheren Inkarnationen mit in dieses Leben gebracht, beispielsweise aus strengen Klosterleben mit Gelübden über Armut, Keuschheit, Gehorsam und der Einstellung: "Ich komme nur in den Himmel, wenn ich arm bin und mich kasteie". Mit solchen unerlösten Lebensmustern legen wir uns weiterhin auch im jetzigen Leben eine strenge Disziplin auf und verhindern damit jeglichen Genuss. Der Ärmste auf Erden wird auch im Himmel nicht der Reichste sein, wenn er sich durch seine Armut an die Materie bindet, weil er unter seinem Verzicht auf irgendeine Art leidet – was dabei meistens unbewusst geschieht. Wenn dieser „Ärmste" leidet, weil er auf alles verzichtet und in Armut lebt, um im Himmel seine Belohnung zu bekommen, ist es in Wirklichkeit kein Verzicht. Er erwartet etwas, er möchte eine Belohnung erhalten. Jesus sagte:

„Eher kommt ein Kamel durch ein Nadelöhr, als dass ein Reicher ins Himmelreich gelangt."

Mit einem guten Unterscheidungsvermögen werden wir auch hier spüren, dass man diese Aussage nicht wortwörtlich nehmen kann. Die Motivation spielt beim Verzicht eine große Rolle. Haften wir aus Angst vor Verarmung an materiellem Reichtum, wird diese Anhaftung uns sicherlich ein Hindernis auf dem Weg in das Reich Gottes sein. Zeugt diese doch von Misstrauen, dass Gott nicht für uns sorgt. Leben voller Mühsal, in Armut und Kasteiung waren sicherlich früher einmal wichtig für unseren Entwicklungsweg. Heutzutage aber sollten wir diese in früheren Leben entwickelten alten Einstellungen und Armutsmuster auflösen. Wir haben uns lange genug damit arm und klein gehalten. Mit Ehrlichkeit und Vertrauen zu materiellem Reichtum zu gelangen kann keine Sünde sein. Haben wir dadurch doch auch die Möglichkeit, andere Menschen daran teilhaben zu lassen.

Es ist kein Zufall, dass wir in der heutigen Wohlstandsgesellschaft leben. Auch diese Lebensart haben wir uns für das jetzige Leben ausgewählt, um daraus etwas zu lernen und die alten Muster hinter uns zu lassen. Um in die Fülle und zur geistigen Freiheit zu gelangen, ist es wichtig, uns von beidem zu lösen: von der rigiden Ablehnung des Materiellen einerseits und dem Anhäufen und Ansammeln von Besitz andererseits. So müssen einige Menschen lernen, die Fülle in Anspruch zu nehmen; andere, ihr Verlangen nach Besitz loszulassen - und zwischen diesen beiden Extremen gibt es noch unzählige Varianten veralteter Muster, die wir heutzutage immer wieder nähren, die aber erlöst werden wollen. Und sicher gilt es für uns alle, das Teilen zu lernen.

Erst, wenn wir die Dualität „Armut und Reichtum" überwunden haben und es für uns keine Rolle mehr spielt, ob wir materiell arm oder reich sind, haben wir die Gelassenheit, das in unserem Leben anzunehmen, was uns gegeben wird. Dann wird unser Reichtum an Liebe, Frieden und Weisheit wachsen, und wir werden wirklich hier auf Erden schon im Himmelreich leben.

Ob Armut oder Reichtum, Freude oder Leid - wir können darauf vertrauen, dass das Leben nur das für uns Beste bereithält, das, woran unsere Seele am besten wachsen kann - auch wenn wir das mit dem weltlichen Verstand oft nicht erkennen können. In jedem Augenblick fließen uns all die Gaben und Kräfte zu, die wir für unseren Entwicklungsweg benötigen. Wenn wir unser Leben aus einem anderen Verständnis, aus einer höheren Sichtweise heraus anschauen, können wir sehen, dass wir hier auf der Erde sind, um zu lernen, um uns weiterzuentwickeln. Je mehr wir die veralteten Muster auflösen und uns mit dem Höheren Ich verbinden, desto deutlicher erkennen wir, dass es keine Rolle spielt, ob wir arm oder reich sind. Wir können loslassen, uns einem höheren Glück zuwenden und am Ende jeden Tages dem Göttlichen danken für alles, was uns an diesem Tag geschenkt wurde: für alles, woran wir lernen und wachsen durften, für alle Freuden und ebenso für alle Leiden. Wenn wir uns auf diese Art dem Lauf des Lebens hingeben und alles annehmen was ist, sind wir wirklich frei. Arthur Schult beschreibt es treffend:

„Wenn wir so weise und so gütig wären, wie Gott gegen uns ist, dann würden wir aus innerem, freiem Entschluß all das wünschen und herbeisehnen, was uns im Leben trifft, ob es nun glückliche oder unglückliche Ereignisse sind."[1]

Im Mahabarata (einer Heiligen Schrift des Hinduismus) wird gefragt: „Was ist die Bestimmung des Menschen?" - und die Antwort lautet: „Glücklich zu

---

[1] Arthur Schult, Zeit und Ewigkeit im Jahreskreis, S. 77

sein!" In Wirklichkeit ist das Glück, die Freude und Frieden unser inneres Bestreben im Leben. Wenn wir uns dessen bewusst sind, und den Focus auf diese Aspekte legen, können wir getrost die Anhaftungen an das Materielle loslassen, uns an unserem Besitz erfreuen und ihn genießen, anstatt immer nach noch mehr zu schauen. Was nützt es uns, wenn wir viel Besitz anhäufen, aber unglücklich sind?

Wir dürfen glücklich sein! Wir dürfen uns mit Herz und Verstand das gönnen, was wir brauchen und die materiellen Güter, die uns in Göttlicher Fülle zur Verfügung gestellt werden, mit Freude in Anspruch nehmen. Das Bestreben jeglichen Lebens ist, immer wieder über seine gegebenen Grenzen hinauswachsen zu wollen, hin zu einem volleren Leben, zu einem Leben in reicher Fülle. Alles Leben, auch unser Leben, will sich erweitern, sich ausdehnen und ausbreiten. In Wirklichkeit haben wir unendliche Möglichkeiten, wenn wir dem Leben freien Lauf lassen. Aber durch alte Muster von Ängsten und Zweifeln begrenzen wir es immer wieder.

All die begierigen Wünsche, die wir im Laufe unserer vielen Leben angesammelt haben, sind Anteile unseres „niederen" Ichs. Solange wir ihnen keinen Einhalt gebieten, führen sie ihr Eigenleben, heften sich als „Wunschenergie" an die materiellen Dinge und beherrschen uns damit. Oder sie klammern sich an andere irdische Freuden, denen wir dann ohne Unterlass hinterher jagen und die wir für das wahre Glück halten. In den meisten Fällen aber werden wir ihrer schnell überdrüssig und suchen schon bald wieder nach neuen Zielen.

Um uns von den Wünschen bzw. von ihren Anhaftungen zu befreien, ist es notwendig, sie zu erziehen und ihnen Grenzen zu setzen. Das können wir nur tun, wenn wir tief in uns hineinspüren und uns unsere Wünsche vergegenwärtigen, sie unter die Lupe nehmen, sie kennen lernen, um sie dann aus der Tiefe, aus dem Unbewussten ans Licht zu bringen. Nur dann können wir uns bewusst entscheiden, ob wir uns einen Wunsch erfüllen oder nicht, ob wir „Ja" oder „Nein" zu einem Wunsch sagen wollen. Auf die Art bestimmen wir über die Wünsche und lassen uns nicht von ihnen bestimmen. Wenn wir uns unsere Wünsche bewusst anschauen und mit Kopf und Herz über sie entscheiden, über jeden einzelnen in dem Moment, in dem er auftaucht, verlieren die Wünsche ihren „Zug", ihre Eigenenergie. Sie ziehen uns nicht mehr wie ein Sog hinter sich her, sondern bekommen dadurch eine ganz andere Qualität. Einige Wünsche stellen sich dabei vielleicht als tiefe Herzenswünsche heraus, die wir uns dann wirklich erfüllen wollen, und bei anderen merken wir, dass uns ihre Erfüllung gar nicht so wichtig ist. Wünsche aus moralischen Gründen oder einem Dogmatismus heraus rigide abzulehnen, ohne sie bewusst angeschaut zu haben, bedeutet dagegen, in der Tiefe an sie gebunden zu sein, ohne es zu bemerken.

Tatsächlich sind diese psychischen Muster aus dünnen, unsichtbaren Energiefäden zusammengefügt, die jeder von uns als „Aura" um und in sich trägt und die, solange wir sie nicht erkannt haben, unbewusst und unsichtbar zur Wirkung kommen. Wir haben sie im Laufe der vielen Leben aus unseren Gedanken, Wünschen und Ängsten „zusammengestrickt". Entsprechend können wir uns diese psychischen Muster symbolisch wie eine Art Strickmuster vorstellen, als ein gestricktes Kleid, das über uns gehängt ist. Man sagt ja auch als Redewendung, dass jemand einfach gestrickt sei.

Oftmals schauen wir nur nach den Strickmustern der anderen; bei ihnen erkennen wir schnell ihre fehlerhaften Seiten, anstatt unsere eigenen zu erkennen und gegebenenfalls zu verändern. Versuchen wir also lieber bei uns selbst nachzuspüren, „aus welchem Garn wir gestrickt sind"! Vielleicht erkennen wir dabei, dass wir aus dünnen durchlässigen und sehr empfindlichen Seidenfäden gewebt sind und wir uns damit ungeschützt und ungeborgen fühlen. Oder wir tragen dagegen ein „Kleid" aus einem groben, festen, stabilen Sisalgarn, mit dem wir gut geschützt durch die Welt gehen können. Wobei wir dabei wiederum prüfen können, ob dieses feste Garn uns einerseits zwar schützt, uns aber auf der anderen Seite eher unsensibel macht und den Kontakt zu unseren Gefühlen verhindert. Aus beiden „Mustern" können die unterschiedlichsten Wünsche und Verlangen nach äußerer Sicherheit und Besitz entstehen. Wir können auch nachspüren, aus welcher Farbe unsere Fäden bestehen. Sind es graue, farblose Fäden? Oder sind sie bunt und schillernd in allen Regenbogenfarben? Schauen wir unsere „Kleider" an, mit denen wir hier auf der

Erde herumlaufen und der Welt und anderen Menschen begegnen. Spüren wir in sie hinein und/oder malen sie auf. Ein leichtes spielerisches Vorgehen mit Hilfe symbolischer Entsprechungen hilft uns bei der Bewusstmachung.

Alles Verlangen entsteht aus dem Gefühl von „Nicht-erfüllt-sein" - und tief im Inneren haben wir fast alle ein großes Bedürfnis, das nach Befriedigung schreit. Wir können uns die Wünsche und Begierden auch bildlich als ein kleines Kind vorstellen, das tief in unserem Inneren lebt und schreit: Es möchte endlich „gestillt" werden! Die Ursache für dieses emotional ungestillte Kind in uns kann in der Kindheit liegen, in der wir vielleicht emotional nicht genügend befriedigt und gehalten wurden, so dass wir zu wenig innere Sicherheit und zu wenig Vertrauen aufbauen konnten. Daher sammeln wir im Erwachsenenalter materiellen Besitz an, in der Hoffnung, dass wir dadurch endlich gestillt werden. Aber auf das Kind in unserem Inneren haben die äußeren materiellen Güter keine Wirkung - es wird davon nicht „satt". Wenn wir dieses innere unbefriedigte Kind nicht bemerken und auf es eingehen, stecken wir in dem Kreislauf, äußerlich zwar Besitz anzusammeln, innerlich aber leer zu bleiben. Dabei wird das innere Kind weiterhin schreien, wird uns lästig werden, bis wir es ablehnen und noch weiter in die Tiefe verdrängen. Symbolisch gesehen, sagen wir dann zu unserem Kind: „Wenn du so schreist, gibt es gar nichts mehr!" Da dieses Geschehen allerdings unbewusst abläuft, wird sich diese Seite unserer Psyche möglicherweise durch ein rigides verbittertes

Leben ausdrücken, indem wir uns einerseits gar nichts mehr gönnen und andererseits - durch den inneren Mangel - am Materiellen anhaften. Solange wir uns diesem Teil, dem inneren Kind, in den Tiefen des Unbewussten nicht endlich liebevoll zuwenden und ihm das geben, was es wirklich braucht, um in Frieden zu sein, wird uns dieser Teil so sehr binden, dass uns ein Schritt in ein befreites Leben nicht gelingen wird.

Alle Wünsche und Begierden, die wir ignorieren, und damit ins Unbewusste verdrängen, führen ihr Eigenleben. Sie wirken aus der Tiefe und binden uns; sie ziehen uns immer wieder zurück in die alten Muster. Je weniger wir sie haben wollen, desto rigider müssen wir alles Materielle mit moralischen Bewertungen ablehnen und für „sündhaft" erklären.

Khalil Gibran beschreibt, wie wir Wünsche auch konstruktiv nutzen und - ohne an ihnen anzuhaften - ein freudiges „Geben und Nehmen" daraus machen können:

„Oft, indem ihr euch Vergnügen versagt, verlagert ihr bloß das Verlangen danach in die dunklen Winkel eures Seins.
Wer weiß, ob was heute ausgelassen scheint, nicht auf morgen wartet? Selbst euer Körper kennt sein Erbe und seine berechtigten Bedürfnisse und will nicht betrogen werden.
Und euer Körper ist die Harfe eurer Seele.
Und es ist an euch, süße Musik aus ihm zu locken oder wirre Töne.

Und nun fragt ihr in eurem Herzen: „Wie sollen wir das Gute am Vergnügen von dem unterscheiden, was nicht gut ist?"

Geht auf eure Felder und in eure Gärten, und ihr werdet lernen, dass es der Biene ein Vergnügen ist, Honig aus der Blume zu sammeln.

Aber es ist auch der Blume ein Vergnügen, ihren Honig der Biene zu geben. Denn der Biene ist die Blume ein Quell des Lebens.

Und der Blume ist die Biene ein Bote der Liebe.

Und beiden, Biene und Blume, ist es Bedürfnis und Verzückung, Vergnügen zu geben und zu nehmen.

Leute von Orphalese, seid in euren Vergnügungen wie die Blumen und die Bienen.".[1]

Bei der Frage, ob wir denn alle emotional ungestillt seien, brauche ich mir nur die Menschen in unserer Gesellschaft und in der ganzen Welt anzuschauen. Einerseits gibt es Hunger und Krieg - andererseits eine Überfülle an Konsum. Das macht auf mich nicht gerade den Eindruck von „gestillt" sein. Ein Mensch, der sich emotional gestillt und gehalten fühlt, ist mit sich im Frieden. Krieg entsteht aus ungestillten Begierden. Und in gewisser Weise sind wir ja alle für die Kriege auf der Erde verantwortlich.

Wir können selbst wählen, ob wir über unsere abgespaltenen Persönlichkeitsanteile hinwegsehen und somit in einer Welt voller Begierde, Habsucht und Macht leben wollen, oder ob wir diese alten Lebens-

---

[1] Khalil Gibran, Der Prophet, S. 54

strukturen auflösen und damit eine Welt voller Liebe, Licht und Mitgefühl kreieren.

Anstatt uns im Mangel zu fühlen, schauen wir lieber, dass wir diese alten ungestillten Anteile auflösen. Dazu stellen wir uns vor, wie Göttliche Nahrung, Göttliches Licht von oben in uns hineinfließt und uns auffüllt. Mit voller Überzeugung machen wir uns dabei klar: „Dieses Licht steht mir zu jeder Zeit in reichlicher Fülle zur Verfügung! Mir wird es an nichts mehr mangeln!" Wenn wir diesen Glauben in uns beibehalten, erschaffen wir uns die Sicherheit, dass es so geschehen wird und können beruhigt unseren Lebensweg weitergehen. Wenn sich dabei Zweifel, Sorgen und Furcht einschleichen wollen, sollten wir ihnen Einhalt gebieten und die Aufmerksamkeit wieder auf die Überzeugung richten: „Die Göttliche Fülle fließt in jedem Augenblick zu mir!"

Am Anfang ist es vielleicht ein langwieriges Ringen zwischen dem Glauben und den Zweifeln. Geben wir aber nicht auf und bleiben mit Geduld dabei die Energie und Überzeugung auf diese kleine Übung auszurichten, werden wir den Sieg davontragen, und es wird uns ein Leben lang an nichts mehr mangeln können.

Ein nicht aufgelöstes Mangelbewusstsein zieht sich durch alle Bereiche unseres Lebens hindurch. Es bindet uns nicht nur an die materiellen Güter, sondern auch an andere Menschen. Hier gilt das gleiche wie beim materiellen Besitz, bei dem wir die Anhaftung nicht dadurch erlösen, dass wir in Armut leben. So können wir auch eine Anhaftung an Menschen nicht dadurch umgehen oder lösen, indem wir uns von Menschen abwenden und zurückgezogen leben. Zwar kann auch das Alleine-Sein einmal die Aufgabe eines Lebens darstellen, aber irgendwann müssen wir uns diesem Bereich „Beziehungen" ebenfalls stellen und das Thema erlösen. Die Aufgabe der meisten Menschen ist es, in irgendeiner Weise Beziehungen zu anderen Menschen zu pflegen und sich (meistens auf eine Zweierbeziehung) einzulassen, um dabei zu lernen, sich „zu binden - ohne sich zu binden", bzw. ohne anzuhaften.

In den häufigsten Fällen binden wir uns aus Abhängigkeit, die wir dann Liebe nennen. Wir brauchen den anderen und glauben, ohne ihn nicht leben zu können. Mit dieser Einstellung schaffen wir eine Bindung, durch die wir am anderen haften und kleben. Hier wird wieder der ungestillte Teil in unserem Inneren lebendig. Voller Hoffnung - nun endlich gestillt zu werden und die lang ersehnte Zuwendung zu bekommen - fängt dieser unbefriedigte Teil (natürlich unsichtbar und unbewusst) an, zu „greifen" und sich am Partner festklammern zu wollen. Vorwiegend sind es beide Partner, die sich die Zuwendung erhoffen. Und doch ist es meistens einer der beiden, der als erster zugreift, mit dem Ergebnis, dass der andere zurückschreckt und auf Abstand geht. Ohne dass die Partner es bemerken, sind so die Rollen sehr schnell verteilt, und keiner der beiden wird bei diesem Beziehungsmuster je gestillt werden.

Im Laufe einer Partnerbeziehung können sich die Rollen allerdings auch umdrehen: Der Partner, der „geklammert" hat und den anderen dadurch dazu gebracht hat, auf Abstand zu gehen - ihn also nie wirklich erreicht hat - zieht sich, wenn seine Frustration irgendwann zu groß geworden ist, vom Partner zurück. Sein Verhalten wiederum bewirkt, dass nun der Andere hinter ihm herläuft. Oder, wenn bei einem der Beiden die Enttäuschung zu groß geworden ist, trennt sich dieser und glaubt in einem neuen Partner endlich die/den Richtige/n gefunden zu haben - was sich jedoch im Allgemeinen als Illusion herausstellt, denn er wird sehr schnell wieder in den gleichen Projektionen gefangen sein. Niemand wird das tiefe Gefühl des Nichtgeborgenseins und des Getrenntseins durch die Bindung an einen anderen Menschen erlösen können.

Erst wenn beide Partner ihre eigenen Muster und Rollen erkennen und damit beginnen, zu sich selbst zu finden - zu ihrer inneren Quelle - und aus dieser Quelle Wärme und Geborgenheit schöpfen, ist es ihnen möglich, ihren unbefriedigten Anteil darin geborgen zu halten und dadurch zu erlösen. Dann erst können beide aufeinander zugehen, ohne dass der eine sich am anderen festklammern will und dieser daraufhin auf Distanz gehen muss. Dann basiert Beziehung nicht mehr auf Projektion und Abhängigkeit, sondern auf einem gleichwertigen Geben und Nehmen. Liebe ist ein Band ohne Bindung. In solchen Partnerschaften hat man die Möglichkeit miteinander zu wachsen und sich gegenseitig in den Lebensprüfungen zu unterstützen.

Eine zentrale Bedeutung bei dem Thema Bindung bzw. Anhaftung nimmt auch unser Umgang mit dem Genuss unserer Nahrung ein. Würden wir uns bewusst machen, wie wir in unserer Wohlstandsgesellschaft mit dem täglichen Essen und den damit verbundenen Gewichtsproblemen umgehen, könnten wir erkennen, dass dieses Thema bei uns noch weit davon entfernt ist, erlöst zu sein.

Noch immer lassen sich die meisten Menschen bei der Auswahl und der Menge der Nahrung von ihrem Verlangen beherrschen, anstatt selbst die Herrschaft über ihre Bedürfnisse nach Nahrung zu übernehmen. „Ich bin ein Genussmensch, ich möchte essen was mir schmeckt!", so argumentieren viele, ohne auf die Auswirkungen des Essens auf ihren Körper zu achten. Sie sehen nur die Befriedigung im Augenblick. Irgendwann später aber erfahren sie möglicherweise Leid und Schmerz, weil die Verarbeitung der Nahrung ihren Körper überfordert hat.

Daneben hat auch die Begierde der Nahrungs-aufnahme eine Kehrseite. In der heutigen Zeit kommt es immer häufiger vor, dass vor allem junge Menschen das Essen aus einer tiefen Frustration heraus völlig verweigern. Ebenso wie die Gier nach Nahrung bedeutet auch die vollständige Verweigerung eine Anhaftung an das Essen.

Ich gehe davon aus, dass auch hinter einer unstimmigen Nahrungsaufnahme die gleiche Proble-matik steckt, die ich oben beim materiellen Besitz beschrieben habe: unser im Innern ungestilltes Kind.

Auch hierbei gilt es, uns die Wünsche und Begierden bewusst zu machen und klare Entscheidungen zu fällen, was und wie viel wir essen wollen.

Mit dem bewussten Umgang unserer Bedürfnisse haben wir die Möglichkeit, schon für unsere Zeit in der geistigen Welt vorzusorgen. Wenn wir nämlich nicht gelernt haben, den Genuss, das Verlangen des niederen Ich, zu beherrschen, wird der Wunsch nach Befriedigung dieser Begierde auch nach dem Verlassen des Körpers erhalten bleiben. Da dann keine Möglichkeit zur Nahrungsaufnahme mehr vorhanden ist, kann der Wunsch nach Befriedigung nicht erfüllt werden. Zurück bleibt eine Qual der unbefriedigten Gelüste, bis sie sich langsam aufgelöst haben.

Wenn wir die Folgen unserer momentanen Handlungen überblicken und einbeziehen, ist es uns möglich, die Bedürfnisse zu erziehen. Ab und zu mal zu fasten wäre eine Gelegenheit zu lernen, den geistigen Willen über die Begierde des Körpers zu stellen. Wir können dabei den Körper trainieren, sich nach dem geistigen Willen auszurichten, anstatt nach der Befriedigung seiner Bedürfnisse zu verlangen. Wenn der Körper „Hunger" schreit, sagen wir ihm: „Halt! Stecke deine Bedürfnisse zurück!" und lernen dadurch, den Körper zu beherrschen, Herr über unseren Körper zu sein; anstatt uns - wie bisher - von den Forderungen des Körpers beherrschen zu lassen. Alle Religionsführer der großen Religionen, wie Buddha, Mohammed und Jesus haben zu bestimmten Zeiten gefastet und uns damit gelehrt, dass das Fasten eine Möglichkeit ist, das

Körperliche zu überwinden, um das Geistige in uns zu stärken.

Die Nahrung kann auch dadurch dem Geistig-Göttlichen dienen, indem wir jede Mahlzeit, etwa durch Gebet und Segnung, Gott weihen. Anstatt sie achtlos hinunterzuschlingen, können wir sie in Gottes Sinne genießen und uns an der Nahrung erfreuen. Wir „füttern" dadurch nicht bloß die Begierde unseres niederen Ichs, sondern sind uns dessen bewusst, dass die durch Segnung durchlichtete und vergeistigte Nahrung den physischen Körper ebenfalls mit Leben und Licht erfüllt und uns dadurch mit dem Höheren Ich verbindet.

Denken wir einmal darüber nach, woher unsere Nahrung stammt, wozu sie für uns nützlich und wichtig ist und was sie in unserem Körper bewirkt. Ich bin immer wieder tief beeindruckt, wie viele Wesen am Aufbau der Nahrung meiner Mahlzeiten beteiligt sind. Die ganzen Naturelemente, die Sonne, der Regen, der Wind, der Mond, die Erde, die Mineralien - alle helfen mit, dass unsere Nahrung heranwächst und gedeiht. Ebenfalls die vielen Menschen, die geerntet und zusammengestellt haben, die Vertriebe, die Verkäufer und vieles, vieles mehr. Wenn wir den langen Weg zurückverfolgen, den die Nahrung gebraucht hat um bei uns am Tisch anzukommen, können wir vielleicht achtungsvoller mit ihr umgehen.

Für uns in der westlichen Welt ist es heutzutage schon so selbstverständlich, dass wir reichlich - meist sogar im Überfluss - zu essen haben. Aber von oben auf die

Welt geschaut, wenn wir einmal unsere Augen geistig über die Welt erheben und dabei die vielen Menschen sehen, die keine oder nicht genügend Nahrung haben, wird uns erst bewusst, was es für ein Segen ist, dass wir ein Leben in diesem westlichen Wohlstand führen dürfen. Dann können wir dankbar sein und diese Dankbarkeit vor jeder Mahlzeit ausdrücken. Und wir können um Hilfe bitten für alle Menschen und darum, dass wir lernen zu teilen, damit alle Menschen zu essen haben.

Wenn wir alles, was das Göttliche uns schenkt, als Seine Fülle erkennen, können wir es dankbar genießen und mit anderen teilen. Diese Einstellung zur materiellen Welt lässt uns über das persönliche Selbst hinauswachsen und hilft uns, uns mit dem geistigen Aspekt zu verbinden, der nach dem Tode erhalten bleibt. So können wir auch in der geistigen Welt, ohne unseren physischen Körper, die göttliche Liebe und Fülle erleben und mit allen Wesen teilen. Gott gibt uns die Fülle aus Seiner reinen Liebe und wir dürfen sie als Geschenk von Ihm benutzen und uns daran erfreuen. Wir brauchen nichts festzuhalten, uns nicht an irgendetwas oder irgendjemanden zu klammern. Gott ist unendlich - und es ist genug für uns alle da.

Himmel und Hölle

Oftmals geraten wir in einen Konflikt zwischen Vorstellung und Realität, zwischen Gefühl und Verstand, weil unsere Anschauungen darüber, wie „heilig" ein spiritueller Mensch zu sein hat, im Widerspruch zu dem stehen, wie wir selbst sind und uns verhalten. Viele gehen davon aus, dass spirituelle Menschen ein problemloses Leben haben, wunschlos glücklich sind, keine Eifersucht, keine Wut, keine Leidenschaften kennen und möglichst ein Leben in Askese führen sollten und dass es zu einem spirituellen Leben dazugehöre, dass man nicht raucht, kein Fleisch isst, früh am Morgen mit der Sonne aufsteht, immer freundlich ist, leise miteinander redet und vieles mehr. Mit solchen engen Konzepten begrenzen wir uns, anstatt uns zu befreien und das Leben, uns selbst und die anderen Menschen einfach anzunehmen.

Es geschieht leicht, dass wir aus diesem Konflikt heraus unsere Schattenseiten, die Begierden, Unliebsamkeiten, Wut, Neid und Hass verdrängen und ins Unbewusste verbannen. Dabei werden diese „dunklen Anteile" sozusagen „unter den Teppich gekehrt", wir geben vor, sie „hinter uns" zu lassen und schauen stattdessen nach „vorne" zum Licht. Aber solch ein Verhalten ist keine Lösung, denn diese Anteile sind dabei nur verdrängt und wirken im Unbewussten weiter.

Jeder Mensch ist ein Individuum, jeder hat seinen einzigartigen Lebensweg und eine einzigartige Lebensaufgabe und jeder verwirklicht sich, wenn er seinem Lebensweg und seiner Lebensaufgabe gerecht wird. Wenn wir dagegen nur die vorgegebenen Regeln – zum Beispiel enthaltsam zu leben, fleischlos zu essen, regelmäßig zu meditieren, die Wünsche einzuschränken usw. - einhalten und nachahmen, was andere „spirituelle" Menschen tun, unabhängig davon, ob das zu der entsprechenden Zeit auch das Beste für uns ist, beschränken wir uns letztlich selbst. Befreiung finden wir nur, wenn wir uns so annehmen, wie wir sind – mit all unseren Schattenseiten.

Die spirituellen Schriften lehren uns, dass wir als Göttliche Wesen die Begierden und Wünsche nicht sind und wir sie deshalb nicht beachten sollen. Mit „Nicht-Beachten" ist gemeint, uns nicht mit den Schattenseiten zu identifizieren, nicht nach ihnen zu handeln, uns nicht von ihnen beherrschen zu lassen. Dennoch werden wir mit ihnen konfrontiert und müssen auf irgendeine Weise auf sie reagieren. Stellen wir uns diese dunklen Persönlichkeitsseiten symbolisch in einem großen schweren Rucksack vor, den wir auf dem Rücken tragen. Wir können uns sagen: „Ich bin nicht die dunklen Anteile in dem Rucksack! Also will ich sie nicht weiter beachten!" – dennoch wird der Rucksack uns mit seiner Last immer weiter nach unten drücken und unsere Leichtigkeit verhindern. Konstruktiver ist es, wenn wir uns sagen: „Ich bin zwar nicht die dunklen Kräfte in dem Rucksack - aber trotzdem bleibe ich jetzt einmal stehen und schaue, was ich mit dieser Last tun kann. Vielleicht kann ich den Rucksack ausräumen, ihn abstellen und hinter mir lassen, um meinen Weg befreit weitergehen zu können." Solange wir den schweren Rucksack auf dem Rücken tragen, geraten wir immer wieder in den Kreislauf der Wiedergeburten, um die alten Lasten ans Licht zu bringen und abzuwerfen. Hier auf der Erde haben wir die Möglichkeit, diesen vollen „Rucksack" zu leeren - die Schattenseiten zu verarbeiten und zu erlösen -, um uns von ihm zu befreien. Erst durch die Befreiung der alten Muster schaffen wir Raum für spirituelle Kräfte – für das Licht.

Hinter allem Unbewussten steckt eine große Dynamik. Das, was wir im Leben nicht wahrhaben wollen, ist genau das, was uns am meisten beherrscht. So sind die Anteile, die wir achtlos hinter uns schieben, nur verdrängt aber doch noch sehr lebendig. Ihre Energie können wir nicht verdrängen. Wir können nur die bewusste Wahrnehmung dieser persönlichen Muster verdrängen und die Augen vor ihrer Wirklichkeit verschließen. Halten wir die dunklen Seiten im Verborgenen versteckt, wirken sie also eigenständig, so wie alles, was im Unbewussten liegt, eigenmächtig wirkt und sich auf vielfältige Weise in unserem Leben ausdrückt.

Die Worte „Ego", „Begierden", „Triebe" oder „dunkle Anteile" sind so negativ besetzt, dass wir sie tabuisiert haben und uns sogar vor diesen Kräften fürchten. Je mehr wir sie jedoch ablehnen, desto mehr entfernen wir uns von der Ganzheit. Genaugenommen liegen hinter diesen Anteilen noch weitere, tiefere Schichten wie zum Beispiel Angst, Verletzlichkeit und Unsicherheit. Es würde uns mehr nützen, bis zu diesen

Schichten vorzudringen, sie zu erforschen, zu verstehen und dadurch zu heilen, anstatt sie „ unter den Teppich zu kehren" oder jahrelang im „Rucksack" als Last auf dem Rücken herumzutragen.

All unsere Ängste und Schwächen sind menschlich und wir sollten liebevoll mit ihnen umgehen. Diese „dunklen" Seiten gehören zu uns, sie sind ein Teil von uns, gehören zu der Ganzheit, die wir jetzt hier sind. Wir sollten uns die Erlaubnis geben: „Ich darf so sein, wie ich jetzt bin. So wie ich bin, bin ich in Ordnung." Wenn wir gelernt haben, uns in Liebe so anzunehmen wie wir sind, können wir leichten Schrittes auf dem spirituellen Weg weitergehen.

Auch bei den Schattenseiten unseres Selbst ist es nützlich, unser eigener Beobachter zu sein. Wir überschreiten dabei Verstand und Gefühle und schauen uns „von oben" an – ohne uns zu bewerten, sondern nur um mit Staunen festzustellen: „Das bin ich!", „So voller Wut bin ich!" oder „So begierig bin ich!" Und wir werden sicherlich ebenfalls wahrnehmen: „So herzlich und freundlich bin ich!", "So hilfsbereit bin ich!" und "So voller Liebe bin ich!" Mit dieser Art der wertungsfreien Betrachtung identifizieren wir uns mit dem Höheren Ich, welches das niedere Ich - die Gefühlswelt mit all ihren unterschiedlichen Aspekten – beobachtet.

Ohne Identifikation mit den dunklen Seiten und mit Verständnis und Mitgefühl für uns selbst, fällt es uns leichter, uns für die Schattengestalten zu öffnen, sie aus dem Dunklen ans Licht hervorzuholen. Dann haben wir die Entscheidungsfreiheit, das Handeln entsprechend der dunklen Anteile zu unterlassen, bzw. diese nicht in die Tat umzusetzen.

Selbstbewusstsein heißt, sich selbst darüber bewusst zu sein, wie und wer man ist, sich all seiner verschiedenen Seiten, auch der dunkelsten, bewusst zu sein. Erst dann ist es uns möglich, diese Persönlichkeitsmuster bewusst zu kontrollieren und ihnen Einhalt zu gebieten. Wecken wir also diese „inneren Dämonen" endlich auf und schauen ihnen mutig ins Gesicht! Fangen wir an, Licht in das dunkle Labyrinth des Unbewussten zu bringen und die Dämonen zu zähmen, so dass wir sie beherrschen, anstatt sie uns.

Immer, wenn wir einen kleinen Teil unseres Selbst erkannt haben, sind wir ein Stück gewachsen, haben wir das Bewusstsein erweitert.

Indem wir bei uns selbst die verschiedenen Aspekte wahrnehmen und verstehen lernen, erkennen wir auch, dass unsere Mitmenschen ebenfalls solchen unsichtbaren Ballast – die schweren Rucksäcke – in ihrem Inneren mit sich herumtragen. Durch diese Kenntnis können wir ihnen verständnisvoller begegnen und uns besser in sie hinein fühlen.

Wenn wir beim Sterben den physischen Körper ablegen, gibt es symbolisch gesehen keinen „Teppich" mehr, unter den wir kehren oder keinen „Rucksack" an unserem Rücken, in dem wir die dunklen Persönlichkeitsmuster verbergen können. Es existieren keine unbewussten Schichten mehr, in die wir unsere Schattenseiten verdrängen können. Dann stehen wir selbst plötzlich inmitten dieser dunklen Kräfte, die wir mit in die geistige Welt gebracht haben und die vorerst auf dem dortigen Weg weiter wirken - es ist uns nicht mehr möglich, Einfluss auf diese Anteile zu nehmen. Uns bleibt nur noch übrig, all die Schattenseiten zu durchleben, bis ihre Energie schließlich abgebaut ist und das Licht, das wir durch Liebe und Mitgefühl in uns errichtet haben, uns den Weg in der geistigen Welt weiterführt.

Dieses Ausleben der dunklen Schichten ist der Zustand, den wir „Hölle" oder „Zwischenreich" nennen - das Reich, das zwischen der Erde und der himmlischen Lichtwelt liegt. Dort findet die Läuterung statt. In dem Maße, wie wir während des Erdenlebens die dunklen Anteile erlöst haben, dringen wir schneller oder langsamer durch dieses Zwischenreich, durch die eigenen tiefliegenden Gefühlsschichten hindurch.

Die Existenz der Hölle ist nicht abhängig davon, ob wir einen physischen Körper haben oder nicht. Himmel und Hölle sind ja keine Orte. Es sind Zustände, die wir nicht nur nach dem Tode durchlaufen können, sondern zu jeder Zeit. Wir drücken dies oft durch unsere Sprache aus: „Der Tag war heute höllisch / bzw. himmlisch!" - „Ich bin durch die Hölle gegangen!" - „Ich fühle mich wie im Himmel!" - „Er hat sich aufgeführt, wie der Teufel!" - „Es war die reinste Hölle!" usw. Auch die folgende Geschichte beschreibt diese Zustände sehr klar:

„Ein grosser, harter Samurai ging einmal einen kleinen Mönch besuchen. „Mönch", sagte er in einem Ton, der sofortigen Gehorsam gewohnt ist, „lehre mich etwas über Himmel und Hölle!" Der Mönch sah zu dem mächtigen Krieger auf und entgegnete voller Verachtung: „Dich etwas über Himmel und Hölle lehren? Überhaupt nichts könnte ich dich lehren. Du bist schmutzig. Du stinkst. Deine Klinge ist rostig. Du bist eine Scham und Schande für die Klasse der Samurais. Geh mir aus den Augen. Ich kann dich nicht ertragen."

Der Samurai war wütend. Er zitterte, wurde ganz rot im Gesicht, war sprachlos vor Wut. Er zog sein Schwert und hob es in die Höhe, um den Mönch damit zu erschlagen.

„Das ist die Hölle", sagte der Mönch sanft.

Der Samurai war überwältigt. Das Mitgefühl und die Ergebenheit dieses kleinen Mannes, der sein Leben hergab, um ihm diese Lehre zu geben und ihm die Hölle zu zeigen! Langsam senkte er sein Schwert, erfüllt von Dankbarkeit und plötzlichem Frieden.

„Und das ist der Himmel", sagte der Mönch sanft."[1]

All die - dunklen wie lichten - Anteile, die wir durch Gedanken, Gefühle und Taten angesammelt haben, schaffen uns die Zustände, in denen wir leben - jetzt hier auf der Erde und danach in der geistigen Welt. Wenn wir beim Tod den physischen Körper verlassen, bleiben diese „Zustände" vorerst weiterhin mit uns erhalten. Der Unterschied besteht nur darin, dass diese Zustände ohne den physischen Körper um ein Vielfaches intensiver erlebt werden. Alles, was wir hier

---

[1] J. Kornfield/C. Feldmann, Geschichten, die der Seele gut tun, S. 125-126

durch unsere Gedanken und Gefühle geistig erschaffen, erwacht nach dem Tod erst einmal zur Lebendigkeit. Diese nun lebendigen Aspekte, die Gedankenformen oder Gedankenenergien, kommen uns von außen als Formgestalten, beispielsweise als Dämonen oder Lichtgestalten, entgegen.

Wir kennen solche Zustände aus unseren Träumen. Im Traum leben wir auch inmitten unserer Gefühls- und Gedankenwelt. Die Gefühle und Gedanken gestalten sich in Formen um uns herum, und im Augenblick des Träumens ist die Traumwelt für uns völlig real. In Albträumen können wir erleben, wie sehr uns die furchterregenden „Dämonen" beängstigen und gefangen halten können. Wachen wir dann am Morgen auf, stellen wir erleichtert fest, dass es glücklicherweise nur ein Traum war.

Es ist aber wichtig zu wissen, dass uns diese Formgestalten nach dem Tod auf die gleiche Art erschrecken und uns auf unserem Weg ins Licht ablenken können. Wir sollten uns, soweit wir das können, nicht von den Gestalten in Schrecken versetzen und ablenken lassen. Für Verstorbene stellt es eine große Hilfe dar, wenn Hinterbliebene sie in den ersten Tagen nach dem Verlassen des physischen Körpers, immer wieder daran erinnern, dass sie keine Angst zu haben brauchen, dass sie weiter gehen und sich nicht von ihrem Blick auf das Licht oder ihre Engel abbringen lassen sollen. Der Verstorbene Albert Pauchard beschreibt seine Erlebnisse nach dem Tod folgendermaßen:

„Mein lieber Freund, wenn Sie wüßten! Je mehr Schlacken man schon auf Erden verbrennen kann, desto besser ist es. Denn alles, was man hier drüben verbrennen muß, verbrennt man ohne den Dämpfer und Schirm des Erdenleibes. Wir alle schleppen einen Bodensatz mit uns herum, von dem wir gar nichts ahnen. Ich wußte nicht, wie wahr das ist, ehe ich hierher kam. Das „Purgatorium", die Läuterung, ist keine Einbildung, sondern Wirklichkeit. Ihr beide und ich sind anständige Leute. Doch als ich hierher kam, bildete ich mir keineswegs ein, nur eitel Wonne und Freude zu erleben. Indes kaum ist das erste Gefühl der Befreiung vorbei, da werden wir auch schon dem „Hüter der Schwelle" gegenübergestellt."[1]

Wir haben die Chance, jetzt damit zu beginnen, unsere „Hölle" in einen „Himmel" zu verwandeln, das „Schwert einzustecken, anstatt es zu ziehen". Eines dürfen wir dabei aber nicht vergessen: Wir müssen die Gedanken und Gefühle, die wir in dem Moment haben, in dem wir am liebsten das Schwert gezogen hätten, bewusst wahrnehmen, anstatt sie mit „einzustecken" bzw. zu verdrängen. Wenn wir das gelernt haben, leben wir nicht länger inmitten der Abhängigkeit unserer Triebe, sondern ruhen in der Gelassenheit des Selbst. Dann werden wir spüren, wie es uns Schritt für Schritt emporzieht in immer höhere Gebiete, und wir werden erkennen, dass unser Körper mit all seinen Sinnen uns zu Diensten steht, um hier in der irdischen Welt zu

---

[1] Buddhistische Schatzkiste, S. 818

handeln und zu helfen. Das ist sicher kein einfacher Weg, aber er ist leichter und effektiver, als nach dem Tod durch die Hölle hindurchzugehen - weil wir schon jetzt frei und licht sein und im „Himmel auf Erden" leben können.

Gut und Böse

Wir gestalten uns unsere Umwelt nicht nur durch die Begierden und Wünsche, sondern auch durch unsere Bewertungen der Menschen, Situationen und Dinge. Im Grunde genommen bewerten wir alles und zu jeder Zeit. Wir ergreifen Partei für das eine und lehnen damit das andere ab. Wir stellen uns als Kritiker und Richter hin und beurteilen, ob wir oder die anderen gut oder schlecht, ob bestimmte Handlungen moralisch oder unmoralisch, richtig oder falsch sind. Solange wir aber einteilen in die Gegensätze von Gut und Böse, Hell und Dunkel, pendeln wir nur von einem Pol, von einem Gegensatz zum anderen, bis wir letztlich die Ruhe in der Mitte finden.

Eine objektive Wahrheit über die Dinge gibt es aus geistiger Sicht nicht. Das Universum ist so vielschichtig und hat so viele Zusammenhänge und unendlich viele Seiten. Letztlich ist jedes Konzept auf seine Art richtig. Die einzig gültige Wahrheit die es gibt, ist die „über den Dingen", da, wo jede Dualität aufgehoben ist, wo die Gegensätze von Gut und Böse, Richtig und Falsch in Einklang sind, Eins sind.

Zu allen Zeiten haben Vertreter der verschiedenen Länder, Kulturen und Religionsrichtungen Gesetze und Normen aufgestellt und damit festgelegt, was Gut und was Böse ist und wie wir funktionieren und uns verhalten sollen. Jede Gesellschaftsform, jede Kultur und jede Religion hat jedoch unterschiedliche Auffassungen und mit ihren eigenen Gesetzen,

Normen und Beurteilungen die Sitten und Gebräuche geregelt. Diese wurden uns jeweils über Generationen hinweg durch die Erziehung vermittelt; wir haben sie schon in der Kindheit aufgenommen und unser „innerer Richter" gibt sie wieder an unsere Kinder weiter. So haben wir von Kind an gelernt, uns nach diesen vorgegebenen Normen und Mustern zu verhalten, zu organisieren und unsere Gedanken und Vorstellungen danach auszurichten.

Grundsätzlich sind die moralischen Gesetze, die in einer Gesellschaft bestehen, notwendig. Wir brauchen diese Werte und Normen als Geländer, als Richtlinien für unser persönliches Selbst und für das Zusammenleben mit anderen. Sie sind wichtig auf dem Weg der Menschheitsentwicklung.

Dass all diese Gesetze, Regeln und Gebote Vereinbarungen sind und keine naturgegebenen Bedingtheiten, ist uns dabei meist gar nicht mehr bewusst. Es sind Übereinkünfte, wie wir gesellschaftlich miteinander umgehen wollen und man kann sie nicht für alle Zeiten und Situationen verallgemeinern. Die Vorstellungen von Gut und Böse sind der geschichtlichen Entwicklung unterworfen; sie sind auswechselbar, sie verändern sich mit einem gesellschaftlichen Wandel und werden von den nachfolgenden Generationen bisweilen sogar ganz gegensätzlich bewertet. Jederzeit haben wir die Möglichkeit, andere Übereinkünfte über unser gesellschaftliches Verhalten und Denken festzulegen.

Die religiösen und spirituellen Gesetze, Rituale, Zeremonien und Vorschriften entstanden ursprünglich aus den inneren Erfahrungen und dem spirituellen Erleben der Menschen heraus und haben teilweise auch heute noch einen tieferen Sinn. In den meisten Fällen aber ist ihre Bedeutung über die Jahrzehnte und Jahrhunderte für uns leider verlorengegangen. So sind für uns Rituale oft nur äußerliche Praktiken und wir wissen gar nicht mehr, warum eine Regel uns vorschreibt, dies oder das zu tun bzw. zu lassen. Solange wir den dahinterliegenden Sinn der religiösen und spirituellen Gesetze nicht verstehen, sind diese Gebote im Grunde genommen eher Einschränkungen und keine Hilfen. Gebote und Gesetze sollten jedoch immer eine Hilfe für die Menschen darstellen.

„Der Sabbat ist um des Menschen willen gemacht, und nicht der Mensch um des Sabbats willen", sagt Jesus..[1]

Und Arthur Schult schreibt:

„Aber der wahre Charakter des Christentums liegt nicht im Gebot, sondern in einem lebendigen Erlebnis geistiger Erweckung. Und aus diesem geistigen Erweckungserlebnis quillt dann ganz von selbst alles Gute, was der Mensch tut."[2]

Dennoch existieren in allen Religionen und spirituellen Richtungen viele Gebote und Vorschriften, die Entbehrungen nach sich ziehen. Durch derlei Regeln und den damit verbundenen Bewertungen hat der spirituelle und religiöse Weg für manche Menschen nur wenig mit

---

[1] Markus 2,27
[2] Arthur Schult, Zeit und Ewigkeit im Jahreskreis, S. 277

Freude und Vergnügen, Lust und Lachen zu tun. Askese, Ernsthaftigkeit und strenge Disziplin sind die Kategorien, die viele von uns mit einem spirituellen oder religiösen Lebensweg verbinden - was oftmals auf dem Glauben beruht, dass Gott uns belohnt und wir in den Himmel kommen, wenn wir gut, brav, bescheiden und angepasst sind. Selbst zu entscheiden, was uns gut tut und was nicht und sich dabei ein Leben in seiner ganzen Fülle zu gestatten, wird dagegen häufig eher als schlecht und sündhaft bewertet und kann mit Angst vor Bestrafung oder gar Furcht vor der Hölle behaftet sein. Solche tief in uns eingeprägten Glaubensmuster müssen zu Konflikten führen.

Wir sollten versuchen, solche Aussagen der religiösen Schriften nicht moralisch zu verstehen, im Sinne von: „Wenn du böse bist, wirst du bestraft!" Es sind vielmehr unsere eigenen Bewertungen, durch die wir uns eine „Hölle" schaffen. Es gibt ihn nicht, den strafenden Gott, der uns nach dem Tod bewertet und verurteilt. Wir gehen nach dem Tod durch unsere eigenen Bewertungen und Urteile hindurch, die wir über uns und andere gefällt haben. In der geistigen Welt werden keine Gebote aufgestellt. Allein unsere eigenen Konzepte und Überzeugungen bleiben nach dem Tod erhalten und führen uns entweder durch die Hölle oder den Himmel. Folglich gibt es keine festen Verhaltensregeln oder Vorschriften, denen wir gehorchen müssen.

Anstatt die von den verschiedenen religiösen und spirituellen Richtungen aufgestellten Regeln und Gebote unkritisch anzunehmen, können wir sie erst

einmal in Frage stellen und ihren Sinn selbst heraus-
finden, sie eigenverantwortlich in unserem Leben
erproben und dabei entscheiden, welche uns davon eine
Hilfe sind und welche nicht. Dadurch können wir
unseren eigenen Maßstab finden und uns ohne ein „Ich
muss" mit den Regeln und Ritualen wohl fühlen. Jeder
Mensch benötigt ja zu unterschiedlichen Zeiten andere
Disziplinierungen – zu manchen Zeiten ist eher eine
strengere Disziplin von Hilfe, ein anderes Mal eher das
Loslassen von Disziplin. Nur ein lebendiger Weg, bei
dem wir nicht an den bestehenden Geboten haften,
sondern auf das achten, was unser Inneres uns
aufzeigt, führt uns zur Freiheit. Oftmals machen wir
sogar Unterscheidungen zwischen dem Spirituellen
und dem Alltäglichen. Eine derartige Trennung ist
unnatürlich. Das Göttliche ist überall und in jeder
Situation zu finden – in allen täglichen Verrichtungen
genauso wie im Gebet. Jede alltägliche Situation
können wir als Gebet oder Meditation nutzen, jede
Handlung als Dienst am Göttlichen ausführen und so
den spirituellen Aspekt auf natürliche Weise in unser
Leben integrieren. Dann ist Leben Spiritualität und
die beiden Aspekte sind nicht mehr getrennt
voneinander.

Die spirituellen und religiösen Disziplinen wurden
entwickelt, damit wir lernen unser persönliches Ich
dem Höheren Ich unterzuordnen. Diese Hingabe
können wir in jeder Alltagssituation üben, wenn wir
achtsam auf das hören, was das Herz uns mitteilen
möchte. Wir werden dadurch ein immer stärkeres
Gespür für die Hinweise unseres Herzens entwickeln

und uns von ihm leiten lassen – ohne die persönlichen Seiten, das Ego, verdammen zu müssen.

Eine Handlung an sich, egal welche, ist zunächst einmal völlig neutral. Es sind erst die Gedanken und Bewertungen, die den Handlungen einen Wert von „gut" oder „böse" beimessen. Allein die Motivationen, Einstellungen und Gedanken, die wir in eine Handlung hineinlegen, bestimmen ob die Tat gut oder böse ist. Die Entscheidung, wie wir bewerten, liegt bei uns selbst. Kein Außenstehender kann erkennen, ob ich, nach meiner eigenen Einschätzung, eine gute oder böse Tat vollbracht habe, solange er meine Absicht dafür nicht kennt. Niemand kann vorgeben zu wissen, was für einen anderen Menschen richtig und gut ist. Und doch geht jeder einzelne in seinem Urteil über andere von sich selbst aus, er urteilt aus seinen eigenen moralischen Maßstäben heraus, die natürlich auch durch Gruppen- und Gesellschaftsnormen bestimmt sind. Aber niemand sollte sich zum Schiedsrichter über andere erheben und sie beurteilen; denn keiner kann die Motivation eines anderen Menschen erkennen und wissen, warum dieser etwas tut oder bleiben lässt. Wollen nicht alle Menschen tief in ihrem Inneren das Gute? Viele Menschen führen Krieg mit dem Ziel um Frieden. Niemand ist von Natur aus wirklich böse. Hinter den Worten und Taten des sichtbaren „Bösen" im Menschen stecken vielmehr tiefliegende Ängste und Verletzungen. So stehen selbst hinter dem Hass und den Rachegefühlen eines Mörders sein eigener Schmerz und seine emotionalen Verletzungen, die er in seinem bisherigen Leben erleiden musste. Diese Ansicht ist natürlich keine Rechtfertigung seiner Tat.

In der Bibel finden sich viele Aussagen zum Thema Bewertung und Verurteilung. Das Johannes-Evangelium enthält im Gleichnis von Jesus und der Ehebrecherin, die laut Gesetz gesteinigt werden soll, das vielleicht bekannteste Zitat Jesu hierzu:

> „(...) Wer unter euch ohne Sünde ist, der werfe den ersten Stein auf sie!"[1]

Jesus will uns hier zeigen, dass wir statt blind am Gesetz festzuhalten und die „Sünder" unbedacht zu verurteilen, lieber nach unseren eigenen Verfehlungen schauen und Verständnis üben sollten. Er lehrt uns das Gesetz des Herzens: Die Liebe zueinander. Khalil Gibran hat zu dem Thema „Schuld und Sühne" folgendes geschrieben:

> „Und wie wollt ihr Gerechtigkeit verstehen, wenn ihr nicht alle Taten im vollen Licht anschaut?
> Erst dann werdet ihr wissen, daß der Aufrechte und der Gefallene nichts als ein Mensch sind, der zwischen der Nacht seines kleinlichen Ichs und dem Tag seines göttlichen Ichs im Dämmer steht.
> Und daß der Eckstein des Tempels nicht höher ist als der niedrigste Stein in seinem Fundament."[2]

Jeder Mensch trägt sämtliche Neigungen, Bedürfnisse und Wünsche der ganzen Menschheit in sich, gute und schlechte, moralische und unmoralische: zu lieben und

---

[1] Joh. 8, 7
[2] Khalil Gibran, Der Prophet, S. 34-35

zu hassen, zu schlagen und zu umarmen, zu töten und zu helfen.

Jede moralisierende Bewertung dieser Neigungen provoziert im Gegenüber das Gegenteil. Je unmoralischer sich ein Teil der Gesellschaft verhält, desto strengere Gesetze wird der andere Teil erlassen, um diesen zu bestrafen. Das gleiche findet auf psychischer Ebene in unserem Inneren statt. Je mehr Wünsche und Begierden wir haben, die unseren Moralvorstellungen widersprechen, desto mehr werden wir sie mit einem verinnerlichten „Ich darf nicht" unterdrücken, - aus Angst, sie könnten sonst nach außen sichtbar werden. Oft haben wir unsere „unmoralischen" Wünsche bereits so tief in das Unbewusste verdrängt, dass wir diese selbst nicht mehr wahrnehmen. Wir müssen dann mit besonders strengen moralischen Einstellungen – uns selbst, wie auch anderen gegenüber - dafür sorgen, dass die „unmoralischen" Wünsche im Keim erstickt und nicht wieder sichtbar werden.

Unterdrückung auf der einen Seite ruft seinen Gegenspieler Missbrauch auf der anderen Seite hervor. Beides bringt Konflikte in unser Leben. In allen Bereichen des Lebens, in denen wir Schuldgefühle verspüren, drücken sich solche Konflikte aus. Solange, bis wir gelernt haben, die Wünsche und Begierden zu akzeptieren und anzunehmen und damit die Waagschale in die Mitte zu bringen.

Wenn wir aber das „Böse" bekämpfen, geben wir unsere volle Energie in die Abwehr – in die eine Seite der Waagschale - und nähren damit genau das, was wir nicht haben wollen. Lassen wir den Kampf los und kümmern uns nicht mehr um das „Böse", sondern verbinden uns mit unserer Mitte, der Göttlichen Liebe, dann werden die Gegensätze „Gut und Böse" aufgehoben und wir finden Frieden.

Die Ursache für jede Ablehnung ist immer in unserem eigenen Lebensmuster, dem karmischen Muster zu finden. Sonst gibt es keinen Grund, irgendetwas abzulehnen. Wir projizieren stets die Anteile des eigenen persönlichen Selbst auf den anderen, wenn wir jemanden verachten und abwehren. Durch moralische Bewertungen, Vorwürfe und Strafen, die sich gegen uns oder andere richten, kann niemandem geholfen werden. Das bedeutet nicht, dass wir alles und jeden erdulden müssen. Wir können uns jederzeit abgrenzen, ohne das Andere oder den Anderen abzulehnen und wir sollten jederzeit dort einschreiten, wo anderen Menschen Schaden zugefügt wird, um ihnen hilfreich zur Seite zu stehen.

Gott ist die Mitte. Und auch alles „Böse" erfüllt seinen Zweck im Göttlichen Plan. Es gibt nichts in uns oder um uns herum, das nicht Göttlich wäre. Aus der Göttlichen Liebe ist Alles hervorgegangen. Wenn wir etwas im Universum ablehnen, lehnen wir einen Teil von Gott ab.

Gerade auf dem religiösen und spirituellen Weg wird sehr vieles als unsittlich oder unmoralisch bewertet, und wir reagieren unterschiedlich darauf, je nach Art des Musters, das wir in uns tragen: entweder mit Rebellion gegen die Gebote oder mit Anpassung an dieselben. Es ist immer notwendig, dass wir einen Ausgleich schaffen und beide Seiten durchleben, beide Seiten kennen lernen, um uns für die Mitte entscheiden zu können. Wenn uns dieser Ausgleich nicht in diesem Leben gelingt, dann werden wir uns in späteren Leben erneut damit auseinandersetzen müssen. Gehören wir heute zu den Moralisten, so werden wir möglicherweise im nächsten Leben auf der Seite der Rebellen stehen, die sich gegen die herrschende Moral auflehnen, oder wir werden auf irgendeine Weise ein unmoralisches Leben führen. Rebellieren wir in diesem Leben gegen Autorität und Gesetz, wird es im nächsten Leben wahrscheinlich zum gegensätzlichen Ausgleich kommen. So zieht uns die eine Seite des Problems zu dessen anderer Seite und damit immer wieder in ein neues Erdenleben, bis wir gelernt haben, wie wir für dieses Thema eine Position der Mitte finden können. Solange wir am Kampf zwischen den beiden Extremen „Gut und Böse" festhalten, sind wir unfrei, an die irdische Welt gebunden und der Wiedergeburt unterworfen. Davon befreit sein können wir nur dann, wenn wir uns über das Urteilen erheben und mit den Gegensätzen Frieden geschlossen haben; wenn wir das dualistische Denken von „Gut und Böse", „Heilig und Unheilig", „Opfer und Täter", überwunden haben und alles annehmen können, so wie das Schicksal es uns auferlegt - in dem Wissen, dass all die verschiedenen Aspekte zum Leben dazugehören und unserem Wachstum dienen.

Das Höhere Selbst kennt keine Bewertung von „Gut"
oder „Böse". Das Göttliche ist reine Liebe und steht
über den Gegensätzen von Moral und Unmoral. Gott
ist unparteiisch. Er steht weder auf der einen noch auf
der anderen Seite. Er ist in allem, in jeder „bösen" und
in jeder „guten" Tat. Er liebt uns nicht, weil wir gut
sind, er liebt uns so, wie wir sind, mit all unseren
Fehlern und Schwächen. Jesus macht uns dies in der
Bergpredigt deutlich, wenn er sagt:

> „(…) Denn er läßt seine Sonne aufgehen über die
> Bösen und über die Guten und läßt regnen über
> Gerechte und Ungerechte."[1]

Das karmische Gesetz hat erst dann keine Wirkung
mehr, wenn wir das Denken in den Kategorien Gut und
Böse und das Begehren und Ablehnen überwunden
haben und alles als gleich-gültig belassen können.

Das bedeutet nun nicht, dass wir die herkömmliche
Moral und alle bestehenden Gesetze über Bord werfen
sollen, um in die Mitte zu kommen und einfach nur
noch tun und lassen können, was wir wollen. Das
Gesagte stellt keinen „Freischein" dar und soll uns
daher nicht ermuntern, Böses zu tun, auch wenn Gott
„Alles" ist und bei Gott alles gleich-gültig ist. Gehen
wir vom Streben nach Moral und Gesetzestreue in das
andere Extrem über und missbrauchen die Gesetze der
Gesellschaft, müssen wir dafür die Verantwortung
übernehmen und werden notfalls auch von der
Gesellschaft dafür zur Rechenschaft gezogen. Wenn
wir meinen, wir könnten die Moralgesetze übertreten

---

[1] Matth. 5,45

und einfach das tun, was wir wollen, müssen wir auf irgendeine Weise dafür „bezahlen". Im Kapitel „Mir geschieht nach meinem Glauben" habe ich bereits erläutert, dass wir alles, was wir aussäen auch ernten. Alles fällt auf uns selbst zurück.

Erst dann, wenn wir uns all unserer Gedanken, Wünsche und Motivationen bewusst geworden sind und gelernt haben, sie zu beherrschen, können wir die äußeren Moralgesetze loslassen. Solange wir jedoch unsere in der Tiefe verborgenen Absichten, Ängste und Wünsche nicht kennen, werden uns die oberflächlichen Motivationen leicht in die Irre führen. Krasse, aber deutliche Beispiele sind die Fälle, in denen Krankenpfleger alte Menschen aus Mitleid töten, wie etwa in dem spektakulären Fall einer Krankenschwester aus Wuppertal, die 1989 verurteilt wurde, weil sie mindestens acht alte Menschen getötet hatte. Ihre bewusste oberflächliche Motivation schilderte sie selbst wie folgt: „Ich habe das getan", sagt Michaela Roeder, „um sie von ihren Leiden zu erlösen".[1] Sie war davon überzeugt, Gutes zu tun. In einem Prozessbericht heißt es: „(...) Damals sei sie felsenfest davon überzeugt gewesen, daß es richtig gewesen sei, die kranken Menschen zu erlösen".[2] Tief unter der Oberfläche aber lagen die eigennützigen Beweggründe ihrer Tat; denn unbewusst projizierte sie ihr eigenes inneres Leiden auf die alten Menschen, die sie dann von diesem Leid befreien wollte. Ihre tief im Inneren liegende Absicht war also ihr eigenes Leid auszu-

---

[1] Christiane Gibiec, Tatort Krankenhaus, S. 64
[2] Christiane Gibiec, Tatort Krankenhaus, S. 51

löschen. So müssen wir sehr genau hinschauen, welche Motivationen unseren Handlungen zugrunde liegen.

Oftmals liegen hinter dem Dienen- und Helfen-wollen das Bedürfnis nach Kontrolle, die Angst vor Schwäche oder das Bedürfnis nach einer Gegenleistung versteckt.

Es ist nicht einfach, die Verantwortung für sich selbst und für die eigenen Bedürfnisse, Wünsche und Ängste zu übernehmen. Auch in diesem Punkt mag es uns helfen, als Beobachter die oft unterschiedlichen Beweggründe auf den verschiedenen Ebenen zu erforschen und bewusst wahrzunehmen. Nur dann können wir eine klare Orientierung für unser Handeln finden.

Vom geistigen Standpunkt aus spielt es jedoch erst einmal keine Rolle, ob wir Gesetze einhalten oder nicht. Wichtig ist die Absicht, aus der heraus wir etwas tun, aus der heraus wir handeln. Nur diese Motivation und unsere innere Einstellung zu unserem Tun sind entscheidend für unsere weiteren Wege - hier auf der Erde und nach dem Tod in der geistigen Welt. Daher ist es ein großer Unterschied, ob wir aus eigener innerer Überzeugung heraus handeln oder ob wir etwas einfach nur deshalb tun, weil es uns von außen, durch eine Autoritätsperson oder durch Gesetze, vorgeschrieben wird. Mit anderen Worten: Wir sollten immer prüfen, ob unsere Handlung aus dem Herzen heraus motiviert ist oder ob es ihr Zweck ist, dass wir als brave, angepasste Menschen nicht in Konflikt mit etwas oder jemandem geraten. Unser ganzes Erziehungsmuster basiert ja im Allgemeinen allein auf dem Konzept von Lob und Strafe: „Wenn du brav bist, bekommst Du Süßigkeiten!" – „Wenn du gute Noten im Zeugnis hast, darfst du dies oder das!" Entweder gibt es Versprechen auf Belohnung oder wir befürchten Ablehnung und Bestrafung. Diese verinnerlichten Muster prägen uns natürlich auch noch im Erwachsenenalter und so machen wir unsere Entscheidungen und Einstellungen zum Leben meist davon abhängig, ob wir „gut" sind, Erfolg haben und uns dadurch anerkannt fühlen, oder ob wir uns als Versager verurteilt fühlen. Deshalb ist es oft nur die Furcht vor solchen Konflikten oder vor Strafen, die uns dazu bringt, äußere Gesetze oder Gebote einzuhalten. Die Motivation unserer Handlung ist folglich die Angst.

Dieses „Gut-sein" aus Angst und Schwäche heraus kann uns nicht hilfreich sein. Solange wir ein Gebot nur deshalb einhalten, weil es uns von außen so vorgegeben wird, kann uns das aus geistiger Sicht nicht viel nützen. Ebenso wenig nützt es uns, etwas „Gutes" zu tun oder etwas „Schlechtes" zu lassen, wenn wir die Intention für unsere Handlung selbst nicht kennen. So können Moralvorstellungen auch trügerisch sein, - wenn wir zum Beispiel glauben, dass „Bescheidenheit" grundsätzlich etwas Gutes und ein bescheidener Mensch nicht egoistisch sei. Aber auch hinter der Bescheidenheit kann ein egoistisches Muster stehen. Kinder können vielleicht die Erfahrung gemacht haben: Wenn ich meinen Willen äußere, werde ich zurückgewiesen, bin ich dagegen bescheiden, werde ich mit Anerkennung belohnt. Hinter der Bescheidenheit, die so un-egoistisch scheint, steht in diesem Fall ein unerfüllter Persönlichkeitsanteil, der nach Anerkennung sucht und sich nicht getraut seinen Willen zu äußern.

Auch ein immer gebender Mensch kann in seiner Tiefe egoistisch handeln, wenn er sich unbewusst durch sein Geben von seinen eigenen Minderwertigkeitsgefühlen oder Schuldgefühlen befreien möchte.

So zählt allein die Motivation, mit der eine Handlung ausgeführt wird und nicht die Handlung selbst.

„Nichts, was von außen in den Menschen hineinkommt, kann ihn unrein machen, sondern, was aus dem Menschen herauskommt, das macht ihn unrein",[1] so heißt es in der Bibel. Das, was an Worten und Taten aus uns „herauskommt", ist geprägt von unserer wahren und oftmals unbewussten Absicht.

Auch der Aspekt der Demut kann verschiedene Seiten haben. Demütig zu buckeln, mit dem Gefühl der Unterwürfigkeit hat eher mit Furcht, Minderwertigkeit und Abhängigkeit zu tun. Wirkliche Demut dagegen ist „auf-richtig" (aufrecht stehend, anstatt zu buckeln) und mit Unabhängigkeit verbunden – ein wahrer König sollte demütig sein. Wahre Demut kann auch mit Selbstsicherheit und hoch erhobenem Kopf gepaart sein. Sie schließt Freiheit und Selbstbewusstsein mit ein.

Alle Aspekte, wie auch Bescheidenheit und Demut, haben zwei Seiten. Rein äußerlich können wir nicht erkennen, mit welchen Gefühlen und Einstellungen ein Mensch bescheiden oder demütig ist. Obwohl wir es

---

[1] Markus 7,15

oftmals erspüren können; und wer genau hinschaut, wird es an der Ausstrahlung, der Mimik und der Körperhaltung des jeweiligen Menschen erkennen können.

Das Ego wird von vielen Menschen abgelehnt und als schlecht bewertet, weil sie glauben, dass ein guter Mensch frei von Ego sein müsse. Dabei bedenken sie aber nicht, welche Gedankenmuster hinter dem „Gut-Sein" eines Menschen verborgen sein können. Vielleicht handelt er nur so „gut", weil er von seinen Mitmenschen Bestätigung und Anerkennung bekommen möchte?

In dem Maße wie wir auf dem spirituellen Weg fortschreiten und dabei die Verbindung mit dem Höheren Selbst stärken, wachsen wir über die äußeren Gebote hinaus und können die Geländer, Stützen und Wegweiser für das persönliche Selbst loslassen. An diesem Punkt zählt nicht mehr die äußere Gesetzesnorm, sondern die Stimme des Herzens. Wir werden gefordert, das eigene Gewissen zu entwickeln, für die eigenen Überzeugungen einzutreten und unsere Lebenskräfte selbst zu regeln. Dalai Lama sagt:

„Lerne die Regeln, damit Du sie richtig brechen kannst".

Demzufolge ist es wichtig, den Sinn hinter den Gesetzen und Geboten zu suchen und zu verstehen, um dann selbst zu entscheiden, ob man innerlich bereit ist, ein bestimmtes Gebot einzuhalten oder aber die Verantwortung für die Entscheidung gegen das Gebot zu übernehmen. Wir können uns die Gesetze anschauen, die unser Leben beherrschen, und können dann entscheiden, welche Regeln uns nützen und welche für uns längst überflüssig geworden sind. So sind wir in der Lage, bewusst die Verantwortung für die Gesetze zu übernehmen und sie mit den natürlichen kosmischen Gesetzen des Lebens in Einklang zu bringen. Die Bhagavad Gita lehrt uns:

„Derjenige, dessen Einsicht das Eins-Sein erlangt hat, weist schon hier in dieser Welt der Gegensätze beides, „gut" oder „schlecht" zu handeln, von sich."[1]

Spirituelle Freiheit bedeutet, die Gesetze und Normen der Kultur und Gesellschaft aus dem Inneren heraus, ohne Anhaftung, einzuhalten und bei Fragen die innere Stimme antworten zu lassen. Der Impuls für die richtige Entscheidung entsteht dadurch ganz von alleine, aus dem höheren Willen heraus. Wir handeln dann nicht länger aus einer von außen gesetzten Moral, sondern aus der eigenen inneren Verantwortlichkeit heraus, aus der Treue dem Göttlichen Selbst gegenüber und aus wirklichem Mitgefühl und Achtung für andere Wesen.

In der heutigen Zeit ist das Zusammenleben von Menschen aus unterschiedlichen Kulturen und Religionen zur Selbstverständlichkeit geworden. Allerdings geraten dadurch bisweilen auch zugleich die moralischen Gesetze der einzelnen Kulturen ins Wanken, was Unsicherheit in die moralischen Konzepte bringen kann. Die gegenseitige Beeinflussung erfordert somit

---

[1] Die Bhagavadgita, Kapitel 2, Vers 50

ein Umdenken und Umformen des moralischen Bewusstseins. Gaben uns früher die Moralgesetze der jeweiligen Tradition Sicherheit, so sind wir nun gefordert, einen Weg der Eigenständigkeit einzuschlagen und die Liebe als Wegweiser zum menschlichen Zusammenleben anzuerkennen.

Die Höhere Göttliche Liebe ersetzt uns die Moral; sie beinhaltet Mitgefühl, Gerechtigkeit und gegenseitige Unterstützung. Dieses Prinzip der höheren Liebe wird im Neuen Testament „Agape" genannt – eine Liebe von Herzen - und Elisabeth Kübler-Ross umschreibt es als „bedingungslose Liebe". Diese höhere Liebe meint nicht „etwas" lieben, sondern zu lieben ohne Unterscheidung und Bewertung. Es ist ein über-persönliches Verstehen, in dem wir anerkennen, dass wir - trotz der vorhandenen äußeren Unterschiede - im Grunde unseres Seins alle „aus einem Holz geschnitzt" sind. Aus göttlicher Sicht sind wir alle „Eins" - so wie jeder Regentropfen ursprünglich aus dem großen Ozean stammt und irgendwann einmal in ihn zurückkehren wird, sind auch wir alle aus dem gleichen göttlichen Ursprung heraus geboren und kehren einst wieder in diese Einheit zurück. Und letztlich haben wir alle ähnlich schwierige Wege hier auf Erden zu bewältigen; jeder von uns muss in seinem Leben durch Leid und Freud hindurchgehen.

Verhalten sich andere Menschen auf eine uns erst einmal fremde Art und Weise, können wir ihnen, anstatt sie zu beurteilen, mit Verständnis und Liebe begegnen. Dabei hilft es uns, wenn wir immer wieder mal die Sicht von uns weg zum anderen hin wenden

und versuchen, uns in unser Gegenüber hineinzuversetzen. Indem wir dann in unser eigenes Inneres
hinein spüren, ist es uns sicherlich möglich, bei uns
selbst bekannte Reaktionen zu finden, die den Gedanken und Gefühlen des Anderen entsprechen.

Ich habe bei mir festgestellt, wenn ich mich auf diese
Art in andere hineinversetze, gibt es so gut wie gar
nichts mehr, was ich nicht, zumindest gefühlsmäßig,
nachvollziehen könnte - ob ich mich genauso verhalten
würde wie mein Gegenüber, ist eine andere Sache und
spielt hierbei keine Rolle. Unter Umständen kann es
sogar notwendig sein, mich von einem anderen
Menschen abzugrenzen und ihm ein klares „Nein"
entgegenzusetzen, auch wenn ich sein Handeln gut
verstehen kann.

Durch gegenseitiges Verständnis können wir Liebe
und Einheit bewirken, anstatt durch Bewertung und
Verurteilung eine Trennung zwischen uns und
anderen Menschen zu schaffen. Kein Mensch ist von
Grund auf schlecht. Wenn wir dieser Grundeinstellung
mehr Vertrauen schenken und mit diesem Vertrauen
aufeinander zugehen, werden wir dementsprechende
Ergebnisse erfahren. Begegnen wir uns dagegen mit
Misstrauen, werden wir aus Unsicherheit Konkurrenz
erzeugen und versuchen, andere zu übervorteilen oder
gar auszubeuten.

Mit der Hinwendung zur Göttlichen Liebe wird
automatisch die Frage nach Gut und Böse aufgelöst.
Arthur Schult beschreibt einen solch vergeistigten
Menschen mit den Worten:

„(...) der sich über nichts erregt, über nichts aufregt, auch nicht über die Schwächen und Härten der lieben Mitmenschen, der nicht einmal seinen Feinden, seinen Gegnern zürnen kann, der selbst vor dem Bösen, das in ihm wirkt und ihn umgibt, nicht erschrickt, sondern der die Fähigkeit hat, das Böse gutzulieben.".[1]

Wenn wir unsere Kraft für die Liebe einsetzen, wird sich unser Bewusstsein Schritt für Schritt wandeln und wir werden mehr und mehr vom Höheren Selbst geführt werden. Dabei verändern sich unsere Verhaltensweisen automatisch, die Liebe durchdringt unser eigenes Wollen, und unser Handeln wird ganz von selbst „gut". So wird das Gute von allein aus der Liebe des Menschen geboren. Es ist die Liebe, die uns führt, die uns durch die innere Stimme oder unser Gewissen sagt, wie Gott uns handeln lassen will.

Der Göttliche Wille ist unabhängig von weltlicher Moral und weltlichen Gesetzen. Beim Göttlichen Willen gibt es kein „du darfst nicht", da handelt man einfach - als „Werkzeug" Gottes -, und alles ist gut.

So unterweist auch Krishna den Krieger Arjuna in der Bhagavad Gita:

„Bedenke alles und tue, was du wünschst. Tue einfach. Was immer du tust, ist Mein Wille, ist Mein Wunsch.".[2]

---

[1] Arthur Schult, Zeit und Ewigkeit im Jahreskreis, S. 225
[2] Bhagavad Gita, 18, 63

Der Himmel auf Erden

„Darum sollt ihr vollkommen sein,
gleichwie euer Vater im Himmel vollkommen ist."[1]

Wir Menschen tragen etwas Überpersönliches, eine höhere Kraft, ein höheres Bewusstsein in uns, das über den persönlichen Menschen hinausragt. Es ist symbolisch gesehen ein Funken der Göttlichen Kraft, der in unser Herz gelegt wurde. Das menschliche Ziel ist, diesen Gottesfunken aus seiner Verborgenheit in die Sichtbarkeit, ans Licht zu bringen, damit er zur Göttlichen Flamme wird und wir uns durch ihn zu Gottes Ebenbild entwickeln können.

Sehr vereinfacht dargestellt ist das Göttliche eine Vereinigung des weiblichen und des männlichen Prinzips. Das ganze Universum entwickelt sich aus einer Verbindung zwischen Geist (dem Männlichen) und Materie (dem Weiblichen).

In der irdischen Welt regiert aber zunächst die Dualität, in der die männliche und die weibliche Kraft getrennt erlebt werden. Unsere Aufgabe als Menschen ist es, über diese Dualität hinauszuwachsen hin zum Göttlichen, in das Eins-Sein. Die Vereinigung der beiden Pole findet für uns hier im irdischen Leben statt. Es gilt dabei zu erkennen, dass der physische Körper, die Materie und die Erde Manifestationen des Geistig-Göttlichen sind und das Geistige in jeder Form enthalten ist. Beide Seiten – Männliches und Weibli-

---

[1] Matth. 5,48

ches, Geist und Materie, Himmel und Erde – sollen im Bewusstsein miteinander verbunden werden.

Wir Menschen neigen allerdings dazu, nur das wahrzunehmen, was wir sehen und anfassen können: Die Materie! Der geistige Anteil „hinter" der Materie hingegen wird meist nicht registriert.

Bisher wird in unserer Gesellschaft die weibliche Kraft immer noch nicht im gleichen Maße akzeptiert und anerkannt wie die männliche. Dem männlichen Prinzip - der Aktivität und der Durchsetzung von Willenskraft - wird meist Vorrang gegeben. Die weibliche Energie wird dagegen oft mit Schwäche gleichgesetzt. Deshalb fällt es den Männern in unserer Gesellschaft sicherlich viel schwerer, den weiblichen Anteil - das Empfangende, das Ruhige, das Nährende - in sich selbst zu akzeptieren, als dies umgekehrt der Fall ist. Aber auch viele Frauen haben heutzutage Probleme, das weibliche Potential in sich anzunehmen und zu leben. Da Frauen in unserer Gesellschaft genauso anerkannt werden wollen wie die Männer, geschieht es oftmals, dass sie sich hauptsächlich mit ihrer männlichen Seite ausdrücken. Es ist aber für Männer wie für Frauen gleichermaßen wichtig, zur weiblichen Kraft zurückzufinden. Wir sollten umdenken und verstehen lernen, dass die weibliche Energie eine sehr starke kreative Dynamik ist. In dem Moment, indem wir uns mit der Aktivität zurücknehmen und uns dem empfangenden Teil hingeben, kann diese kreative Seite in uns zum Wirken kommen. Das bedeutet aber nicht, dass wir dabei wieder das männliche Prinzip in den Hintergrund stellen. Wir kommen nur in die Einheit, wenn beide Seiten in uns gleich stark akzeptiert und gelebt werden.

Statt „männlich" und „weiblich" können wir auch „positiv" und „negativ" sagen. Positiv wird dabei dem männlichen Prinzip zugeordnet und negativ dem weiblichen Prinzip – ohne eines der beiden als besser zu bewerten. Wie beim elektrischen Strom, der nur mit einem positiven und einem negativen Pol funktioniert, „leuchten" auch wir nur, wenn positiv und negativ – männlich und weiblich - in Einklang sind.

Die Vereinigung der beiden gegensätzlichen Hälften des vollkommenen Göttlichen finden wir in vielen Symbolen auf der ganzen Welt dargestellt. Zum Beispiel im uralten chinesischen Zeichen für die Ganzheit Gottes, im Yin und Yang des Tai Chi. Yang steht dabei unter anderem für Bewegung, für das Männliche, das Geistig-Schöpferische, für den Vater, den Himmel, für das Licht und den Tag. Yin dagegen symbolisiert die Ruhe, das Weibliche, das Empfangende, die Materie, die Mutter, die Erde, die Dunkelheit und die Nacht. Bei dem Yin- und Yang-Zeichen können wir sehr schön erkennen, wie die beiden Pole fast wie fließend ineinandergefügt sind. Eines kann ohne das andere nicht sein – beide zusammen bilden das Ganze. So bedingt alles Gegensätzliche einander und bildet damit eine Einheit.

In der westlichen Kultur finden wir die Einheit Gottes im Kreuz Christi symbolisiert. Der senkrechte Balken des Kreuzes versinnbildlicht den Himmel, das Göttliche. Der waagerechte Balken steht dagegen für das Irdische, das Menschliche. Der Verbindungspunkt der Senkrechten mit der Waagerechten beinhaltet das Ende der Dualität und damit die göttliche Einheit. Auch wenn wir uns mit ausgebreiteten Armen in der Form eines Kreuzes hinstellen, haben wir den Verbindungspunkt der Senkrechten mit der Waagerechten genau an der Stelle unseres Herzens – dem Symbol des Göttlichen.

So gesehen muss das Symbol des Kreuzes kein dunkles Sinnbild von Schmerzen, Leiden und Opfer sein. Das Kreuz zeigt uns eher einen Prüfungs- und Einweihungsweg, auf dem wir unser menschliches, persönliches Ich hingeben oder aufgeben und kreuzigen müssen, um Göttlich zu werden. Deshalb schreibt auch Alice Bailey:

„Christus kam, um uns die Natur des „geretteten Lebens" zu zeigen und das Wesen des Ewigen Selbst zu offenbaren, das jedem Menschen innewohnt. Dies ist die Lehre aus der Kreuzigung und Auferstehung: die niedere Natur muß sterben, damit die höhere sich zeigen kann. Aus dem Grabe der Materie muß die ewige unsterbliche Seele in jedem Menschen auferstehen."[1]

Auf dem Weg der „Kreuzigung" durchleben wir eine Zeit, in der wir viele mystische Tode sterben. Wir werden geläutert und gereinigt, damit wir alles Alte, das uns auf dem neuen Weg behindern würde - alle alten Muster und alten Schlacken des persönlichen Ichs - loslassen und ablegen können, damit die Geburt

---

[1] Alice A. Bailey, Von Bethlehem nach Golgatha, S.229

des Christusgeistes in uns stattfinden kann. Wenn aus dem persönlichen Menschen der Göttliche Mensch geboren wird, können wir selbst erfassen, was Christus uns am Kreuz aufzeigen wollte: „Der Vater und ich sind eins!"

Ein anderes Zeichen für die Vereinigung der sichtbaren und der unsichtbaren Welt ist das Hexagramm oder der Davidstern. Dieser Stern ist eine Verbindung aus zwei Dreiecken, die den Sechsstern bilden. Das Dreieck, das mit der Spitze nach oben zeigt, versinnbildlicht die weibliche Kraft der Materie, die aus der Erde nach oben aufsteigt und sich mit dem Geist verbinden will um durchlichtet zu werden, während das zweite darüber liegende Dreieck mit der Spitze nach unten zeigt und der männlichen Kraft des Geistigen entspricht, die wiederum den Weg nach unten nimmt, um den Körper und die Materie zu durchdringen und dadurch durchlässig zu machen. Dieses Symbol zeigt, wie Himmel und Erde, Geist und Körper im Menschen zusammenfließen und jegliches Leben ausmachen.

In der Chakra-Lehre wird der Sechsstern dem Herz-Chakra, dem „Tor zur Seele", zugeordnet. Hier steht das eine Dreieck symbolisch für die drei unteren Chakren, die sich mit den drei oberen Chakren, die im anderen Dreieck versinnbildlicht sind, im dazwischenliegenden Herz-Chakra vereinigen.

Aber auch unsere Wirbelsäule verläuft senkrecht durch die Mitte unseres Körpers und spielt in der indischen Kultur eine große Rolle. In Indien steht die

„Kundalini" für die Vereinigung der himmlischen mit der irdischen Kraft. Das Sanskritwort „Kundalini" bedeutet „zusammengerollt" und versinnbildlicht die zusammengerollte Schlange am unteren Ende der Wirbelsäule. Wird diese „schlummernde" Lebensenergie (die shakti), die durch die Schlange symbolisiert wird, geweckt, windet sie sich die Wirbelsäule entlang in die Höhe, dem Himmel entgegen, um sich - oben angekommen - mit dem Göttlichen (dem shiva) zu vereinen. Shakti ist die ruhende Kraft, während shiva die aktive Energie symbolisiert.

Ein ähnliches Sinnbild finden wir im Äskulapstab, dem Symbol für Medizin und Heilkunde. Der Stab steht für das Rückgrat des Menschen. Zwei Schlangen winden sich um den Stab nach oben; auch sie stellen die zwei gegensätzlichen Lebensströme dar: die weibliche und die männliche Kraft.

Die volle Entfaltung des Menschen ist erlangt, wenn die beiden gegensätzlichen Kräfte Männliches und Weibliches, Licht und Dunkelheit, Himmel und Erde zusammentreffen und verschmelzen.

Gelingt es uns die Lebenskraft unbehindert durch den Mittelpunkt des Körpers fließen zu lassen, erreichen wir die Verbindung zwischen der Tiefe der Erde und der Endlosigkeit des Himmels.

Dann sind der Himmel, - als unsichtbare Welt, - und die Erde, - als die sichtbare Welt, - vereint, die Gegensätze von Licht und Dunkelheit überwunden und es kommt zur Vermählung von Gott und Mensch. Die

Geburt des Geistig-Göttlichen hat in uns stattge-
funden.

Mit dem höheren Bewusstsein, das sich bei dieser
Neugeburt in uns entfaltet, erkennen wir deutlich,
dass die Materie, die Erde, die ganze Schöpfung Geist
ist, dass wir geistige Wesen sind. Es ist der Zustand, in
dem Liebe und Frieden in uns einkehren und wir den
„Himmel auf Erden" haben. An diesem Punkt
angekommen, gibt es keinen Tod mehr. Er kann nicht
mehr existieren. Da gibt es nur noch das Eine, das
ewige Leben, die Unendlichkeit - ohne Anfang, ohne
Ende. Diese mystische Hochzeit beschreibt Arthur
Schult mit folgenden Worten:

> „Wie der Kosmos in Gott geeint, zur Braut Gottes
> geworden ist, so offenbart sich Gott als Bräutigam
> des Kosmos. Die Sternenlichter des Geisthimmels
> haben sich der Erde verbunden. Die ganze Erde ist
> zum Himmel geworden.".[1]

Um Geist und Materie, Himmel und Erde, Männliches
und Weibliches zu vereinen und das Göttliche in uns
zu „gebären", benötigen wir ein gutes Fundament, ein
gutes Körperbewusstsein, das uns Stabilität gibt. Ohne
eine stabile Basis können wir nicht sicher bauen und
ohne starke Wurzeln kann nichts erblühen. Die
Materie dient uns als Fundament, auf dem wir
aufbauen und uns zum „Himmel" erheben können. Es
ist wichtig, dass wir in beiden Welten gut verankert
sind.

---

[1] Arthur Schult, Zeit und Ewigkeit im Jahreskreis, S. 396

Der physische Körper dient uns dabei als Hilfsmittel – als eine Tür zum Göttlichen. Voraussetzung dafür ist, dass wir sicher im Körper verankert sind. Negieren wir die Körperlichkeit und konzentrieren uns stattdessen nur auf die geistigen Aspekte, oder nur auf das Geschehen um uns herum in der äußeren Welt, schneiden wir uns von der wichtigen Lebenskraft ab und es entsteht ein Ungleichgewicht.

Wir benötigen den Körper um das Licht zu erkennen und es in jeder Zelle unseres Körpers wahrzunehmen. All das, wohin wir unsere Aufmerksamkeit lenken, füllen wir mit Bewusstsein, mit Licht. Wir können es spüren: Je länger wir die Energie zu einem Körperteil lenken, wird die Energie verstärkt. Der jeweilige Körperteil wird warm und fängt mit der Zeit an zu vibrieren.

Auch mit den Chakren ist es wichtig ein Gleichgewicht zu schaffen und nicht zu versuchen, die unteren Chakren aus dem Bewusstsein auszuklammern. Oftmals werden die oberen (geistigen) Chakren von spirituell Suchenden bevorzugt, weil die unteren mit dem Irdischen verbunden – und „unrein" - sind. In Wirklichkeit sitzt jedoch gerade dort die höchste Kraft – die Kundalini. Wie sollte die Kundalinikraft in uns erweckt werden, wenn wir uns von diesem Sitz innerlich abwenden? Nur indem wir die unteren Chakren in unserem Körper entwickeln und mit Bewusstsein füllen, kann die Kundalini erwachen. Wir müssen Liebe und Licht auf sie richten, damit sie zum Leben erweckt wird, im Körper aufsteigt und sich mit dem „Himmel" vereint und wir den spirituellen Tanz von Shiva und Shakti vollziehen können.

Gerade in unserer heutigen Zeit des großen Umbruchs sind wir gefordert bei der Gestaltung einer neuen Erde mitzuwirken und den „Himmel" auf der Erde zu erwecken. Wir können die geistige, himmlische Kraft stärken, indem wir uns für die Heilung der Erde und einer neuen Welt einsetzen und das Bewusstsein erweitern. So ist es uns möglich, die Erde zu einem lichtvollen Ort zu gestalten und entsprechend auch unseren Körper zu durchlichten.

Nehmen wir für die Vereinigung von Geist und Materie, Himmel und Erde, weiblichem und männlichem Prinzip einen Baum als Beispiel: Durch seine Wurzeln ist er mit der Erde verbunden und mit seiner Krone streckt er sich dem Himmel und der Sonne entgegen. So wird er aus beiden Richtungen versorgt - aus der Kraft der Erde (der weiblichen Kraft) und der Energie des Himmels (der männlichen Kraft).

Dieses Beispiel kann uns eine Hilfe sein. Wir können es nutzen, um auch in uns selbst die beiden Pole zu vereinen und uns damit gut zu erden. Dazu möchte ich an dieser Stelle eine „Baum-Meditation" beschreiben. Am besten ist es, sich dazu hinzulegen oder entspannt hinzusetzen, (man kann den Text vorher auf einen Tonträger sprechen und ihn danach abspielen oder jemand anderes liest den Text langsam und ruhig vor): „Lege oder setze dich entspannt hin und schließe die Augen. Spüre deinen Körper – spüre deinen Atem, wie er in dich hineinfließt - und wieder aus dir herausfließt – du wirst immer ruhiger und entspannter.

Und dann siehst du in deinen „inneren Bildern" eine große Wiese auftauchen. Du läufst auf dieser Wiese und spürst unter deinen nackten Füssen das Gras. Du freust dich an der Luft und spürst die Wärme der Sonne. In der Ferne siehst du einen Baum, du siehst, wie er dir mit seinen Ästen zuwinkt und dich zu sich ruft. Du gehst auf ihn zu. Schau ihn dir genau an! Wie groß ist er? Ist er dick oder dünn? Was hat er für Blätter, was für einen Stamm?

Und dabei entdeckst du in seinem Stamm eine Öffnung. Du spürst, dass der Baum dich einlädt, in diese Öffnung einzusteigen, um dich liebevoll in sich aufzunehmen. Du gehst hinein und machst es dir gemütlich; lehnst dich an das Holz und fühlst dich sicher und geborgen in diesem Baum.

Du spürst, wie du dich immer mehr mit dem Baum verbindest und eins wirst mit ihm. Deine Beine verschmelzen mit den Wurzeln des Baumes und wachsen tief in die Erde hinein. Deine Arme verschmelzen mit den Baumästen und strecken sich dem Himmel entgegen.

Deine Wurzeln spüren die kühle, feuchte Erde und du nimmst die Kraft der Erde durch die Wurzeln in dich auf – du spürst, wie die Kraft in dir hochsteigt, dich ausfüllt, nährt und versorgt – und dann weiter aufsteigt zu den Ästen und schließlich aus den kleinen Zweigen hinaus ins Universum fließt. -

Dann spürst du, wie die Energie des Himmels und der Sonne durch deine Äste in dich hineinfließt, dich erwärmt, erneuert und durchdringt und sich mit der Kraft der Erde verbindet, um sich weiter nach unten durch die Wurzeln hindurch ins Erdreich zu ergießen. Gleichzeitig nimmst du wieder neue Kraft in dich auf, die in dir hochsteigt – du spürst den Energiekreislauf, der dich stetig mit neuer Kraft versorgt.

Langsam löst du dich wieder aus der Verbindung mit dem Baum. Du ziehst deine Wurzeln zurück und spürst deine Beine. Die Arme ziehst du aus den Ästen zurück und spürst sie an deinem Körper. Dann steigst du aus der Baumhöhle heraus – und dankst dem Baum, dass er dich aufgenommen hat, du kannst ihn umarmen und dich von ihm verabschieden. Und du weißt, dass du jederzeit zu ihm zurückkehren kannst, um dich erneut zu erfrischen und mit Kraft zu erfüllen. Nun fühlst du dich wie neu geboren und begibst dich auf den Heimweg. --

Du spürst deine Füße – deine Hände – deinen Körper – öffnest langsam deine Augen und bist wieder ganz im Hier und Jetzt."

Den „Spiegel" putzen

Unsere Aufgabe als Mensch ist es also, uns bewusst zu werden, dass wir jetzt schon geistige Wesen sind und die geistige Welt hier und jetzt im Selbst vorhanden ist. Theoretisch wissen wir als spirituell Suchende, dass alles im Universum Geist und Licht ist. Aber wenn wir im täglichen Leben mit Problemen, Sorgen, Schmerzen und Krankheiten konfrontiert werden, vergessen wir diese Überzeugung und trennen die spirituelle Einstellung vom Alltagsleben ab. Wir sollten jedoch danach trachten, das spirituelle Bewusstsein auch in den Alltag zu integrieren.

Die geistige Welt - das „Jenseits" - existiert ja nicht an irgendeinem Ort, zu einer bestimmten Zeit. In Wirklichkeit gibt es keine zwei Welten – keine geistige Welt getrennt von einer materiellen Welt, kein Diesseits und kein Jenseits. So antwortete Jesus den fragenden Pharisäern: „Denn siehe, das Reich Gottes ist mitten unter euch."[1] Wir leben jetzt ebenso in der geistigen Welt, wie nach dem Ablösen vom irdischen Körper. Der einzige Unterschied ist, dass wir uns jetzt dessen nicht bewusst sind. Nach dem Tode aber sind wir uns im Allgemeinen der geistigen Welt voll bewusst. Es ist allein der Verstand, der eine Grenze zieht zwischen Leben und Tod, zwischen dem Diesseits und dem Jenseits, dem Himmel und der Erde, zwischen Gott und den Menschen. Wir unterliegen der Täuschung, dass Gott irgendwo ist und wir ihn suchen

---

[1] Lukas 17, 21

müssen. Sinnbildlich sagt Gott zu uns: „Ich bin immer bei euch. Aber *ihr* seid nicht bei euch." Mit endloser Geduld weilt Gott immer „hier" - mitten in unserem Herzen. Aber wir schwirren umher, auf der Suche, Ihn irgendwo im Außen zu finden. Wir sind es, die sich vom Göttlichen trennen. Durch die Gedanken an das „Gestern" und „Morgen", durch unseren Blick auf das „Außen", durch die Konzepte und Muster vergessen wir uns und trennen uns von uns selbst.

Das ganze Universum besteht aus einem zusammenhängenden „Gewebe", das in ständiger Bewegung und Veränderung ist. Etwas Isoliertes und voneinander Getrenntes kann es da nicht geben. In allem Materiellen, das uns endlich begrenzt erscheint, ist Gott - das unendliche Universelle - in verdichteter Form enthalten. Man könnte sagen: Materie ist verdichteter, zusammengepresster Geist. Diese Tatsache haben inzwischen auch schon die Wissenschaftler entdeckt. So sagte der deutsche Physiker Hans-Peter Dürr in einem Fernsehinterview:

„Die moderne Physik zeigt zur großen Überraschung den Physikern, die so sehr an alles Materielle, Mechanische geglaubt haben, dass es im Grunde genommen keine Materie gibt. Materie ist eine vergröberte Form des Geistes, eine Schlacke des Geistes. Im Untergrund gibt es nur Beziehungen. Es ist eine Verbundenheit da, sodass im Grunde alles miteinander verbunden ist, sodass eine Auftrennung in Teile streng genommen gar nicht möglich ist. Und in dieser Verfassung sind wir auch als Mensch mit drin. Wir sind Beteiligte, aber nicht ein Teil in dem Sinne, dass wir herausgelöst werden können."

Im Augenblick des Todes wird die vergröberte Form, dieses „Zusammengepresste" gelockert, die geistige Welt befreit und dadurch für uns (als Verstorbene) bewusst wahrnehmbar. Solange wir hier unsere Aufmerksamkeit zum größten Teil auf die irdische Welt und den physischen Körper lenken, uns mit den Gedanken, Gefühlen und Wünschen identifizieren und die Materie für eine unabänderliche Wirklichkeit halten, ist es uns nicht möglich, das Geistige in der Form zu erkennen.

Mit der richtigen Einstellung können wir uns jetzt schon auf das Jenseits vorbereiten, um uns nach dem Ablegen des physischen Körpers in der geistigen Welt, unserer geistigen Heimat, besser zurechtzufinden, und um nicht mehr abhängig zu sein von dem Kreislauf „Tod und Leben". Das Bewusstsein bleibt ja dasselbe, ob wir im physischen Körper sind oder außerhalb davon.

Es gilt, die geistige Welt hier und jetzt zu erkennen und sie zum Leben zu erwecken. Dazu müssen wir die Verstrickung mit der irdischen Welt loslassen, uns über die physischen Sinne stellen und auf die geistige Welt, den „Himmel" ausrichten. Dabei wird sich unser Bewusstsein langsam erweitern und wir werden in die Geistwelt – in das Göttliche - „hinein-erwachen".

So können wir uns mit unserer geistigen Heimat jetzt schon vertraut machen, uns hier im Diesseits mit all unserem Denken und Handeln auf das Jenseits vorbereiten, damit es uns nicht fremd und unheimlich ist, wenn wir den irdischen Leib verlassen. Zum anderen ist es eine Möglichkeit, den „Himmel" schon hier auf Erden zu erleben. Für diesen Himmelszustand - das „Paradies auf Erden" – ist es nötig, hier im Diesseits den Boden zu bereiten. Dazu sollten wir uns einerseits aufrichten zum Himmel (zum Geistigen) - und andererseits den Himmel auf die Erde holen. Damit haben wir Frieden und Harmonie in uns und leben dann auch im Jenseits in einer Welt reinen Lichts.

In Wirklichkeit allerdings brauchen wir den Himmel gar nicht auf die Erde zu holen. Wie oben schon beschrieben, gibt es zwischen Himmel und Erde keinen Unterschied. Schöpfer und Schöpfung sind nicht geteilt. Der Himmel ist schon längst auf der Erde; wir sind uns dessen nur nicht bewusst. Für uns ist das schwer zu verstehen, weil wir ein dualistisches Denken haben und unser Verstand nur in „entweder – oder" denken kann. So steht es in scheinbarem Widerspruch, dass die geistige Welt, in die wir nach dem Tod eingehen werden, schon jetzt in uns besteht; dass der Himmel mit der Erde vereint ist; dass wir hier und jetzt göttliche Wesen sind - und wir uns andererseits die geistige Welt mit den Gedanken und unserem Glauben erst erschaffen müssen, um uns der geistigen Welt in uns bewusst zu werden; um uns bewusst zu sein, dass Himmel und Erde schon längst zusammen in uns existieren und die Dualität in Wirklichkeit gar nicht besteht. Das Erleben der Spaltung existiert allein in unserem Verstand. Im Grunde brauchte es nur einen Schalter, der das Bewusstsein umschaltet und die polaren Gegensätze in der Welt wären insoweit ausgelöscht, dass wir fähig wären die verschiedenen Ebenen der Welt gleichzeitig zu sehen und zu erleben. In dem Moment würden wir erkennen, dass in Wirklichkeit weder Himmel noch Erde, Schöpfer noch Schöpfung, noch wir als menschliche Einzelindividuen existieren, sondern dass wir allein Projektionen des Bewusstseins sind.

Im Bewusstsein ist Alles schon vorhanden - und doch müssen wir es durch Gedanken, Worte und Taten erschaffen und Wirklichkeit werden lassen.

Im Buddhismus gibt es für dieses Verwirrspiel ein schönes Gleichnis: Die einen sagen, wir müssen den Spiegel putzen und die anderen sagen, es existiert überhaupt kein Spiegel. Der Spiegel ist hier das Symbol für unser Selbst, - und gleichzeitig für die Welt, die uns die eigenen Persönlichkeitsanteile widerspiegelt. Er spiegelt uns, was und wer wir sind. Ob die Familie, die Arbeitsstelle, die Nachbarn - alles ist für uns Spiegel, ist Reaktion auf unser eigenes Denken und Verhalten und zeigt uns damit, was wir zu lernen und zu verändern, bzw. was wir an unserem Selbst zu „putzen" haben.

Die einen sagen also: Wir müssen unser Ego „kreuzigen" (überwinden, sterben lassen), um Göttlich zu werden - die anderen sagen: Es gibt kein Ego, wir sind Göttlich.

Oder ein weiteres Verwirrspiel: Wir haben keinen freien Willen - aber wir haben ein Unterscheidungsvermögen, mit dem wir entscheiden müssen, welche Wege wir auf Erden gehen wollen. Wir sollen uns Gott hingeben und gleichzeitig unseren Willen einsetzen - sollen „tun ohne zu tun", denn „Im Nichtstun bleibt nichts ungetan" sagt Lao-Tse.

Es gibt keinen Spiegel, es gibt keine Dualität, keine Projektionsfläche - und doch müssen wir den „Spiegel putzen", die Dualität überwinden, damit sie zur Einheit wird.

Genauso müssen wir einerseits aufpassen, dass wir nicht von unserem Weg abweichen, andererseits gibt es gar keine Möglichkeit unseren Weg zu verlieren. Denn unser Weg ist überall da, wo wir gerade sind. All die Fehler, die wir machen, die „unliebsamen" Partner, die wir uns ausgesucht haben, Schmerz und Leid, das wir erfahren, Wut und Hass, die wir ausgedrückt haben, unser Misslingen und unser Zweifeln am Göttlichen, all das gehört zu unserem Weg.

Wir begeben uns auf die Reise von Leben zu Leben, um ans Ziel, in die geistige Heimat zu gelangen – nur, um dann zu erkennen, dass wir schon immer am Ziel waren, dass wir die geistige Heimat in Wirklichkeit nie verlassen haben. Es gibt nur eines zu erreichen: uns selbst! So sind wir gleichermaßen Weg und Ziel. Und wer meint, er ist noch nicht am Ziel angekommen, der muss den Weg zum Ziel noch gehen. Wer allerdings annimmt, schon am Ziel angekommen zu sein, für den könnte der Weg noch sehr lang sein.

So kam ein Schüler zu seinem Meister und fragte: „Meister, wie lange wird es dauern, bis ich Befreiung erlangt habe?" Der Meister antwortete: „Vielleicht zehn Jahre." „Und wenn ich mich anstrenge, wie lange dauert es dann?" fragte der Schüler. „In dem Fall kann es zwanzig Jahre dauern", erwiderte der Meister. „Wenn ich mich ganz besonders anstrenge, jede Härte auf mich nehme? Ich will so schnell wie möglich ans Ziel gelangen. Wie lange dauert es dann?" fragte der Schüler eifrig. „Unter diesen Umständen", erwiderte der Meister, „kann es bis zu vierzig Jahren dauern".

Strengt Euch also an, ohne Euch anzustrengen! - Unser Verstand muss an diesem Punkt kapitulieren.

Paulo Coelho beschreibt unsere Suche nach dem Ziel sehr treffend in seinem Roman Der Alchimist, in dem Santiago, ein junger andalusischer Hirte, einen Schatz sucht und dafür eine Reise in die weite Welt unternimmt, um in der Ferne zu erkennen, dass der Schatz in seinem eigenen Dorf vergraben liegt. Er musste sich auf die lange Reise begeben und dabei Erfahrungen machen, die ihn wachsen ließen, um zu dieser Erkenntnis zu kommen.

Unser irdischer Weg ist letztlich eine Bewusstseins-arbeit: Wir „erhöhen", erweitern dabei unser einge-grenztes Bewusstsein zum universalen Bewusstsein, um die Göttliche Einheit in allem zu erfahren.

Als spirituelle Menschen haben wir uns (aus höherer Sicht) dazu entschlossen, zu erwachen und uns der Göttlichkeit bewusst zu werden. Das Göttliche Licht soll in uns einfließen, soll in uns geboren werden und wir müssen ihm den Raum dazu zur Verfügung stellen, indem wir unsere dunklen Anteile ausräumen und die

Verstrickungen mit der irdischen Welt loslassen. Alle alten Lebensgeschichten, die sich wie Schlacken in unserem Inneren angesammelt haben, müssen im Licht erlöst werden – wir müssen sie „sterben" lassen. Wir können diesen Reinigungsprozess damit beginnen, den Schwerpunkt unseres Bewusstseins auf eine höhere, auf die seelisch-geistige Ebene, das Höhere Selbst zu verlegen und uns dadurch langsam von der Bindung an das weltliche Bewusstsein lösen. In dem Maße wie dabei Licht in uns eindringt, muss die Dunkelheit - Wut, Zweifel, Ängste, all unsere hindernden Lebensmuster - weichen. Wir können uns das auch so vorstellen, als wären wir wie ein Rohr, das innen mit alten Ablagerungen aus all unseren Menschenleben behaftet ist. Je mehr wir uns mit dem Göttlichen auseinandersetzen, desto stärker werden wir mit Licht erfüllt. Das Licht drückt dann die „Ablagerungen" nach außen an die Oberfläche, damit sie aufgelöst werden können.

Beginnen wir im täglichen Leben hier und jetzt mehr auf die innere Stimme, die Stimme des Höheren Selbst zu hören und uns von ihr führen zu lassen. Je öfter wir in uns hinein hören, desto deutlicher werden wir die Führung des Höheren Selbst spüren können. Ein Erspüren und Wahrnehmen ganz anderer Art kann dann zum Leben erwachen. Wir werden feinfühliger für alles Über-Sinnliche, werden durchlässiger, lichter und somit geistiger. Wenn wir uns auf den Weg machen, den „Spiegel zu putzen", das Ego zu kreuzigen, Göttlich zu werden, bedeutet das unweigerlich auch durch schwierige Transformations- und

Leidenszeiten hindurchzugehen, in denen das „alte Ich" stirbt und überwunden wird und das neue „Höhere Ich" geboren werden kann. Ohne dieses Sterben des alten Ich ist keine Geistwerdung möglich, so wie auch Goethe sagte:

„Und so lange du das nicht hast,
Dieses: Stirb und werde!
Bist du ein trüber Gast
Auf der dunklen Erde."

Das Loslassen der irdischen Ausrichtung ist das „Sterben", das wir täglich üben können. Oftmals müssen wir dabei auch durch viele mystische Tode hindurch gehen, um unsere alten Vorstellungen von der irdischen Welt und ihrem Besitzdenken aufzulösen. Sterben heißt Leerwerden, Abschiednehmen von Vergangenem, Loslassen und Freiwerden für neues Leben.

Diese Geburt zum geistigen, Höheren Ich kann manchmal ein leidvoller, dorniger Prüfungsweg sein, voller Krisen und emotionaler innerer Kämpfe. Wir werden damit konfrontiert, dass all unsere Konzepte, an die wir uns halten, unbrauchbar werden, alles woran wir bisher geglaubt haben, sinnlos wird. Wir werden aus der Routine unseres Lebens geworfen. Es sind Zeiten großer Verwirrung, in denen wir spüren, das Alte funktioniert nicht mehr, die alten Wege brechen ab und wir wissen erst einmal nicht, wie es weitergehen soll. Eine Häutung ist notwendig - so wie die Schlange, die sinnbildlich für Transformation steht, ihre alte Haut ablegt, um „neu" zu werden.

Außer zu emotionalen Krisen kann es dabei auch noch zu körperlichen Beschwerden kommen. In vielen Fällen tauchen sie unerwartet auf, vergehen genauso plötzlich und sind dabei auch noch schwer zu diagnostizieren und einzuordnen. Es ist wichtig, die Krankheiten medizinisch abzuklären, die entsprechenden Heilmethoden zu finden und sie gleichzeitig aber auch als „Prüfungsmittel" anzuerkennen und anzunehmen. Jede Krankheit hat den Sinn, uns etwas über uns und unser Leben zu lehren. Paracelsus sagte, die letzte Ursache von Krankheit sei das Herausfallen aus dem Rhythmus der kosmischen Gesetze. Körperliche Probleme in den Prüfungszeiten weisen uns also wieder den Weg zurück in die Göttliche Einheit. Dabei werden wir aufgefordert, unseren alten Weg, die alten Verhaltensweisen und veralteten Muster loszulassen. Jedes Mal, wenn wir aus persönlichen Beweggründen eine Richtung eingeschlagen haben, die uns aus höherer Sicht von unserem Weg weggeführt hat, ruft uns das Höhere Selbst auf, wieder in die Mitte zurückzukommen. Reagieren wir nicht auf diesen inneren Ruf, muss es ein Mittel finden, das uns „zwingt", einen neuen Weg zum Seelenheil einzuschlagen. Das Höhere Selbst entscheidet dabei, welcher Weg für uns am besten zur Heilung führt, ob der Weg der Krankheit, die Möglichkeit eines Schicksalsschlages von außen (Schicksal heißt so viel wie geschicktes Sal, von Gott geschicktes Heil) oder der der psychisch-seelischen Krisen, oder auch alles zusammen. Krankheit bringt immer Veränderung und Umkehr in unser Leben. So gesehen ist Krankheit auch immer Heilung – Heilung der Seele.

Erst wenn wir diese psychisch-seelischen Sterbeprozesse, die in solchen Prüfungszeiten stattfinden, durchlaufen haben, eröffnen sich für uns neue Möglichkeiten: Ein neuer Lebenszyklus fängt an, und wir sind auf der geistigen Leiter eine Stufe höher geklettert. „Alles Leid der Erde ist gleichsam nur Geburtsschmerz um den ewigen Menschen" sagt Arthur Schult.

Der Heilige Geist hat schon zu allen Zeiten seine Feuerflammen für die Läuterungs- und Reinigungsprozesse von Heiligen, Sehern und Mystikern eingesetzt. Bei Johannes vom Kreuz können wir über seinen Läuterungsprozess lesen:

„Dazu muß man wissen, daß diese Flamme, die der Heilige Geist ist, in der Seele immer wieder Verwundungen schlägt, indem sie ihr die Unvollkommenheiten ihrer schlechten Gewohnheiten austreibt und aufzehrt, bevor dieses göttliche Liebesfeuer in den Wesenskern des Menschen eindringt und sich durch vollendete und vollkommene Läuterung und Reinheit mit ihm eint. Und das ist das Werk des Heiligen Geistes, durch das er sie für die gottgewirkte Gotteinung und Liebesgleichgestaltung mit Gott bereitet.

Denn man muß wissen, daß das Liebesfeuer, das sich nachher mit der Menschenseele eint und sie dadurch verherrlicht, dasselbe ist, das sie vorher anfällt und dadurch läutert."[1]

---

[1] Johannes vom Kreuz, Die lebendige Liebesflamme, S. 64

Leben für Leben bereiten wir uns auf Prüfungswegen auf die Einweihungen vor, die uns bewusstseinsmäßig auf eine neue höhere Stufe heben. In früheren Zeiten fanden diese Einweihungen ganz bewusst in der äußeren sichtbaren Welt durch Einweihungsrituale statt. Das altägyptische Totenbuch ist nicht nur ein Wegweiser für den Verstorbenen, sondern beschreibt auch den Weg der Seele derjenigen, die in die großen Mysterien eingeweiht wurden. In den Einweihungen, für die sich die Menschen ganz bewusst entschieden haben, ging es immer um das Sterben – um Leben und Tod. Einweihung bedeutet: Das Hindurch-schreiten durch die Pforte des Todes. Es war ein Weg der Selbsterkenntnis, um sich dem Teil bewusst zu werden, der über den Tod hinaus bestehen bleibt. Die Menschen wurden in die Geheimnisse Gottes einge-weiht und geprüft, ob sie sich dessen würdig erweisen.

Auch heute noch finden Einweihungen statt, aber oft, ohne dass wir uns dessen bewusst sind. Sie geschehen auf einer viel feineren Ebene - eher in unseren inneren Welten. Die Vorbereitungen für diese Einweihungen, die meist mit großen psychischen Schwierigkeiten oder aber mit Schicksalsschlägen von außen verbunden sind, ordnen wir gar nicht mehr den Prüfungs- und Einweihungswegen zu. Initiation kann plötzlich eintreten, beispielsweise durch Krankheit, Unfall oder irgendeinem Schicksalsschlag und vor allem durch die Begegnung mit dem Tod, durch Nahtoderfahrungen oder den Tod eines nahestehenden Menschen – oder aber es ist ein langsamer Weg des Hineinwachsens.

Wenn wir all dieses als Prüfungssituationen anerkennen, sie im Bewusstsein realisieren und „Ja" sagen zu diesen Prüfungen, können wir uns etwas leichter dem Leben mit seinen Höhen und Tiefen und seinen Schicksalsschlägen hingeben und unsere Energie zu einem guten Gelingen der Prüfung hineinlegen.

Im Normalfall verhalten wir uns aber dem Leben gegenüber nicht so, dass wir die dunklen, geheimen Wege als Prozess der Läuterung ansehen und uns damit einverstanden erklären. Wir jammern dagegen über unsere Lebenswege und fragen: „Warum habe gerade ich ein so schweres Leben zu bewältigen?", „Warum wird mir meine Arbeit weggenommen?", „Warum finde ich keinen Lebenspartner?" Wir haben eine bestimmte Vorstellung vom Leben, bestimmte Wünsche und diese wollen wir erfüllt haben. All die schwierigen und unbequemen Situationen im Leben wollen wir nicht annehmen. Aber wie sonst sollte eine Prüfung funktionieren, wenn uns das Leben nicht an einen Abgrund stellt? Stattdessen sollten wir lieber erkennen, dass das, durch das wir gerade hindurchgehen, zu unserem Leben gehört und das Beste für uns ist und dass wir durch jede Prüfung eine Stufe höher wachsen.

Holger Kalweit schreibt: „Initiation bedeutet immer Tod und Auferstehung, bei den Übergangsriten zu den verschiedenen Lebensphasen ebenso wie bei der schamanischen Einweihung: Das vergangene Leben muss zerstört und ausgelöscht werden."[1]

---

[1] Holger Kalweit, Die Welt der Schamanen, S. 101

Einweihung bedeutet nicht, von einem Meister den Segen und die Erleuchtung zu bekommen. Sie kann geschehen, wenn wir den „Schatz" gesucht und im Inneren gefunden haben. Dazu müssen wir bereit sein, einen Pfad zu gehen, auf dem wir geprüft werden, ob wir genügend Geduld aufbringen und unser Glaube in das Geistig-Göttliche, das in uns geboren werden will, stark genug ist und uns das Vertrauen in Gott auch noch bei Schicksalsschlägen erhalten bleibt. Wir werden „in Versuchung geführt", damit wir beweisen können, dass wir in unserem Verhalten und bei unseren Entscheidungen der inneren Stimme folgen. Die Prüfungen wirken sich in der Erfahrung des täglichen Lebens aus, in denen nun unser spirituelles Wissen in der praktischen Ausübung erprobt wird. Diesen Weg geht niemand allein. Liebevoll geführt und geleitet werden wir durch diesen Prozess Schritt für Schritt von den Engeln, Geisthelfern, dem Höheren Selbst (dem inneren Meister) oder auch von einem in der äußeren Welt lebenden spirituellen Meister – der immer ein Spiegel unseres inneren Meisters ist. Dabei bleibt es uns überlassen, inwieweit wir die Führung des Meisters verstehen und ihr folgen oder nicht.

„Ich setze dich allen Seinszuständen aus, denn du sollst lernen, in allen Zuständen Mir (Gott) zu vertrauen. Ich hebe dich in die Höhe und stoße dich in die Tiefe. Ich platziere Wünsche und Fallgruben – sie liegen auf deinem Weg, auf das Ich Meine Arbeit tun kann. Ich bin bedingungslose Liebe. Ich werde dich nie aufgeben – denn es ist Mein Wille, dass du zu Mir zurückkehrst!", sagte Sathya Sai Baba, ein spiritueller Meister.

Jede Prüfung zeigt uns, dass es nicht nach den Vorstellungen unseres kleinen menschlichen Ich geht. Das ist sehr schwer für unser persönliches Ich. Es kämpft und mobilisiert all seine Kräfte, um zu überleben, wenn es bemerkt, dass seine Existenz bedroht ist. In jeder Prüfung erleben wir ein Sterben, eine Kreuzigung des Ego. Nur wenn wir den persönlichen Willen dem Göttlichen Willen beugen, das Leben liebevoll so annehmen wie es ist und uns ihm hingeben, kann unsere verborgene Göttlichkeit ihren wahren Ausdruck finden - „Er muss wachsen, ich aber muss abnehmen."[1] heißt es in der Bibel, aber auch:

„Ihr wißt also, daß ihr nicht so weiterleben könnt, wie ihr früher gelebt habt. Legt den alten Menschen ab, der sich mit seinen eigensüchtigen Wünschen selbst betrübt. Sie bringen ihm in Wirklichkeit nichts als den Tod. Laßt euch einen neuen Geist schenken. Zieht den neuen Menschen an, den Gott nach seinem Bild geschaffen hat. Dann könnt ihr recht und heilig leben, wie Gott es will."[2]

---

[1] Joh. 3, 30
[2] Epheser 4, 22-24

Die Welt als Bühne

Um die Orientierung zur geistigen Welt hin zu stärken und uns von der Anhaftung an die irdische Welt langsam zu lösen, kann es eine Hilfe sein, uns täglich ins Bewusstsein zu bringen: "Ich bin auf dieser Erde, aber nicht von dieser Erde." Oder wie Paul Gerhardt sagt:

> „Ich bin ein Gast auf Erden
> Und hab´ hier keinen Stand;
> Der Himmel soll mir werden,
> Da ist mein Vaterland."

Das Leben auf der Erde ist ein Göttliches Spiel. Oder anders ausgedrückt: Ein geistiges Spiel, denn es findet lediglich in unserem Geist – im Bewusstsein - statt. Auch wenn es so aussieht und wir es so empfinden: eine objektive Welt außerhalb von uns existiert in Wirklichkeit nicht. Die Welt, das ganze Universum ist eine geistige „Erscheinung", die in sich leer ist - leer in dem Sinne, dass es kein eigenständiges Sein aus sich selbst heraus, also keine feste unveränderliche Substanz hat. Die materielle Welt ist manifestes Gegenstück unserer Gedanken und Gefühle und tritt durch diese „in Erscheinung". Sie erscheint uns zwar im Außen, ist aber dabei nicht fest, beständig und unveränderlich – obwohl wir das im Allgemeinen so glauben.

Dennoch ist die Welt real, so, wie das Bild im Spiegel Realität ist. Man könnte sagen: Gott hat sich geteilt, um sich selbst zu erkennen – genauso, wie wir uns

„teilen", wenn wir in den Spiegel schauen, damit wir uns sehen und erkennen können. Unser Spiegelbild ist ebenso leer und substanzlos wie das Universum - einschließlich uns Individuen - leer und substanzlos ist – eben eine „Erscheinung" des unteilbaren Bewusstseins. Und von da aus gesehen sind all die Erfahrungen, die wir hier in der Welt machen, eigentlich nicht wirklich - außer wir deuten sie als rein geistige Erlebnisse.

In diesem Sinne ist der „Spiegel" die Bühne auf der sich die Welt entfaltet und all unser Erleben auf dieser Bühne ist rein geistige Erfahrung.

Normalerweise gehen wir davon aus, dass unsere Wahrnehmung im Gehirn stattfindet, welches begrenzt in unserem Kopf eingebunden ist, und außerhalb davon liegt die Welt. In Wirklichkeit ist aber unser Bewusstsein nicht an eine körperliche Begrenzung gebunden. Es endet nicht da, wo unser Kopf aufhört. Das Bewusstsein ist ausgeweitet bis „in alle Ewigkeit". Es ist im eigentlichen Sinn auch nicht „unser" Bewusstsein, sondern wir sind das Bewusstsein! Und die Welt – die wir glauben im Außen wahrzunehmen – ist in Wahrheit in diesem Bewusstsein enthalten. Somit existiert die Welt mit all ihren Erscheinungen in uns.

Man sagt, dass jedem Ding Bewusstsein innewohnt! Zutreffender wäre die umgekehrte Formulierung: Jedes Ding wohnt dem Bewusstsein inne – oder: Jedes Ding ist Ausdruck des Bewusstseins.

Auch wenn uns unser Verstand in jedem Ding eine feste materielle Grundlage vorgaukelt, ist das gesamte Universum lediglich substanzlose Erscheinung - eben nur das Spiegelbild des eigentlich unteilbaren Bewusstseins.

Nur der Verstand allein - der letztlich auch nichts anderes ist als Bewusstsein - konstruiert eine Trennung zwischen unserer Wahrnehmung und der Welt, und daher sind wir uns dem erweiterten Teil des Bewusstseins außerhalb des Verstandes, nicht mehr bewusst. Das heißt, das Bewusstsein grenzt sich selbst durch den Verstand ein. Durch diese scheinbare Trennung zwischen dem begrenzten Verstand und dem unendlichen Bewusstsein erleben wir uns als eigenständige unabhängige Existenz.

Obwohl die Welt und wir Menschen mit unserer Wahrnehmung als handelnde Einzelindividuen nur ein Konzept des Verstandes sind, gehen wir mit der Welt um, als wäre sie eine feste Realität - und machen uns von ihr abhängig.

Trotzdem können wir das Leben in der irdischen Welt nicht ignorieren - aber wir haben die Möglichkeit es zu spielen. Nehmen wir das Leben „wichtig, ohne es wichtig zu nehmen"!

Es ist uns möglich Frieden und Freiheit zu gewinnen, wenn wir einen gewissen Abstand zum Leben bekommen; wenn wir fähig sind, das Leben hier auf der Erde als ein Spiel anzusehen - ein Theaterspiel auf der Bühne „Welt", in der wir eine bestimmte Rolle angenommen haben. Aus geistiger Sicht ist das Erdenspiel ein großes universelles Drama, und jeder Mensch hat seine individuelle, wesentliche Rolle darin, ohne die das Drama zusammenbrechen würde. So wie auch der Zusammenhang bei einem Theaterstück nicht mehr gegeben wäre, wenn man einen Schauspieler einfach aus dem Stück herausnehmen würde.

Im Allgemeinen sind wir ununterbrochen mit unseren Gefühlen und Gedanken beschäftigt und projizieren dieses Innenleben nach außen in die „Welt", mit der wir uns dann wiederum emotional „verwickeln". Aus diesem Kreislauf gibt es einen Weg heraus in die Freiheit: Wenn wir die Welt, uns und unser Leben als Beobachter wahrnehmen. Wir können dann unsere Rollen im Leben spielen und unsere Ziele verwirklichen, ohne uns zu verausgaben. Wir lassen uns auf das Spiel des Lebens ein und bleiben dennoch unberührt dabei.

Wir sind frei, wenn wir uns von den eigennützigen Beweggründen lossagen und die Lebensaufgabe durch die uns zugeteilte Rolle gewissenhaft erfüllen, ohne der Welt anzugehören – das heißt, ohne sich mit der jeweiligen Situation, der wir begegnen, zu identifizieren und zu verwickeln. Ob wir den Bettler, die Königin, den Diener spielen, den Kranken, die Ehefrau, den Arbeiter oder die Polizistin, unsere Aufgabe ist es, unsere Rolle von ganzem Herzen zu spielen - „Ja" zu sagen zu unserem Schicksal.

Jesus hat es uns vorgelebt. Er sagte: „ (...) aber seid getrost, ich habe die Welt überwunden."[1] Er kannte

---

[1] Johannes 16,33

seine Rolle, die er hier zu spielen hatte. Er wusste, dass er sie so ausleben musste, „wie es im Buche geschrieben stand". Trotzdem ihm sein Leben, mitsamt seinem Ende bekannt war, hat er seine schwere Rolle angenommen und „Ja" dazu gesagt.

Im Gegensatz zu ihm bäumen wir uns auf und rebellieren, weil uns unser Rollenspiel meist nicht gefällt. Die Lebensaufgaben der anderen scheinen uns immer die besseren und leichteren zu sein. Zu sehr identifizieren wir uns mit der uns zugewiesenen Rolle und bewerten sie. Wir klammern uns an das Leben und glauben, es sei das einzige, das wir haben.

Wir sind darauf bedacht, durch die Rolle, die wir im Leben einnehmen, Früchte zu ernten. Der einzige Sinn im Leben scheint uns zu sein, jegliche Frustration so schnell als möglich beiseite zu räumen und Bequemlichkeit, Vorteile und Gewinn zu erreichen. Wir verfangen uns in Vorstellungen, wie unser Leben sein sollte, und verschließen uns allem, was nicht in unsere Erwartungen hineinpasst. Gegen alles Störende suchen wir sofort nach irgendeinem Mittel, in der Hoffnung, es möge uns das Hinderliche wegschaffen. Vielem stehen wir dabei aber machtlos gegenüber. Auch gegen das Wetter haben wir noch kein Abwehrmittel gefunden. Scheint die Sonne, stöhnen wir, weil es uns zu heiß ist, strahlt die Sonne nicht, jammern wir über das schlechte Wetter. Wenn wir schon diese relativ kleinen Herausforderungen des Lebens nicht annehmen können, wie sollen wir da erst die schmerzhaften Schicksalsschläge verarbeiten, die jeder Mensch zu irgendeiner Zeit in seinem Leben bewältigen muss?

Die ganze Aufmerksamkeit richten wir auf die Welt der äußeren Formen, anstatt nach dem höheren Sinn des Lebens zu trachten, bzw. nach dem zu forschen, was wir in Wahrheit sind.

Wir müssen wohl alle Lebensaufgaben des Menschseins einmal (in verschiedenen Leben) durchspielen, um spirituell zu wachsen, um Mitgefühl und Liebe allen Menschen gegenüber zu erlernen. Jede Rolle, egal ob Opfer oder Täter, ist notwendig in dem großen Göttlichen Spiel; denn wie sollte ein Mensch die Rolle als Opfer spielen können, wenn es keinen Täter gäbe - und umgekehrt. Wenn wir uns diese Gegebenheit bewusst machen und die Position des Beobachters einnehmen, könnten wir im Grunde alles in der Welt der Erscheinungen voller Freude und Abenteuerlust ausprobieren. Aber letztendlich fehlt uns dazu der Mut - weil wir dann doch schnell wieder in das alte Glaubensmuster verfallen, das sagt: Die Welt ist eine begrenzte und feste Realität und ich muss das Leben kontrollieren, damit mir nichts Schlimmes widerfährt. Wir trauen uns nicht ein Risiko einzugehen und bekommen Angst, vor dem, was passieren könnte, wenn wir einen Schritt ins Unbekannte wagen und ein anderes Spiel ausprobieren würden. So bleiben wir lieber an den althergebrachten, sicher scheinenden Mustern haften und sehen sie als real und unabänderlich an.

Wenn wir stattdessen loslassen und Veränderung zulassen würden, wären wir frei. Nichts in der Welt kann uns bedrohen, wenn wir erkannt haben, dass die Welt als festgefügte Einheit außerhalb von uns nicht wirklich existiert. Wir sind nicht von dieser Welt - und doch müssen wir Erfahrungen auf diesem wunderbaren Planeten Erde durchleben.

Mit solch einer höheren Sichtweise fällt es uns leichter, Abstand von den zu bewältigenden Lebensaufgaben zu finden. Aber auch nicht so, dass wir vor dem Leben flüchten. Wenn wir Angst davor haben, uns ganz auf das Leben einzulassen, fällt es uns möglicherweise leicht uns zu distanzieren und ein „Zuschauer" unseres Lebens zu sein. Das ist dann allerdings ein Zuschauer, der sich mit den Lebenssituationen identifiziert, sich selbst und andere beobachtet, bewertet und in entsprechende Schablonen hineinpresst und gleichzeitig versucht, sich möglichst aus dem Spiel des Lebens herauszuhalten.

Das urteilsfreie Beobachten dagegen lässt uns unsere Gewohnheiten, Reaktionen, Gefühle und Gedanken erblicken, ohne sich an sie zu binden, ohne sich mit ihnen zu identifizieren. Es ist eine neutrale Aufmerksamkeit, die alles mit einschließt, ohne sich auf etwas Bestimmtes zu konzentrieren.

Die meisten Menschen sind sich ihrer Gedanken, Gefühle und ihres Handelns allerdings gar nicht bewusst. Da wir uns im Normalfall mit unserer Persönlichkeit und dem Verstand identifizieren, werden wir auf dem Weg zum wahren Beobachter sicherlich erst einmal damit beginnen, dass wir uns selbst - unser Handeln, die Gefühle und Gedanken - mit dem Verstand beobachten. Das bedeutet, zuerst handeln wir als persönlicher Beobachter, der schaut, und dabei noch bewertet und gegen so manches in seinem Leben Widerstand leistet. Mit der Zeit aber wird er von seiner persönlichen Identifizierung immer mehr Abstand nehmen, bis sich die Trennung zwischen dem Zeugen und allem Geschehen ganz auflöst, das Ich und Du, Mein und Dein wird losgelassen und nur noch beobachtet, was geschieht. Wir geben uns dabei als Betrachter selbst mit all den Gefühlen, Gedanken und Reaktionen mit in die Beobachtung hinein, so, dass es keinen Unterschied mehr gibt zwischen uns, dem äußeren Geschehen und den Erscheinungsformen. Wir lauschen also unserer Rolle in dem Welten-Theater-stück wie ein Zuschauer im Zuschauerraum - und gleichzeitig geben wir uns diesem Spiel der Welt wie ein Schauspieler auf der Bühne mit vollem Engage-ment und ganzem Herzen hin. Der Schauspieler und der Zuschauer stehen dabei nicht im Widerspruch zueinander. Hand in Hand müssen wir mit beiden zugleich „Ja" zu unserer jeweiligen Rolle sagen, das jeweilige Lebensspiel annehmen und voll im Dasein stehen.

Dann ist es uns in der Rolle des Beobachters möglich, das von uns scheinbar getrennte Göttliche Spiel gleich-gültig wahrzunehmen. Wir sind dann mehr der Zeuge, der wert-frei annimmt was geschieht. Er unternimmt keinen Versuch mehr, auf das Wahrgenommene zu reagieren und es zu beeinflussen, zu kontrollieren oder ein bestimmtes Ziel zu verfolgen; er setzt dem Geschehen keinen Widerstand mehr entgegen. Es ist einzig ein Wahrnehmen von dem, wie sich das Leben von selbst entfaltet.

Viele Menschen spielen ihre Rolle aber halbherzig, wagen gar nicht sie voll auszuspielen. Sie haben Angst vor dem Leben! Sie lassen sich auf die Rolle des Lebens nicht ein. Damit sind sie ein „schlechter" Schauspieler und müssen die Rolle lange üben und eventuell (in einem weiteren Leben) wiederholen. Denn Freiheit erreichen wir nur, indem wir den Weg durch die Welt gehen.

Oftmals entwickeln wir Menschen schon bei der Geburt einen Widerstand gegen das Irdische. Wir versuchen, den Weg in die dunkle Materie zu verweigern, weil wir insgeheim wissen, dass er meist auch mit Schmerz und Verletzungen gepaart ist. Aus Angst uns wieder in der materiellen Realität zu verfangen und Kampf, Schwere, Last und Leid erdulden zu müssen, vermeiden wir das wirkliche Einlassen ins irdische Leben und das Bewohnen des physischen Körpers. Diese Angst vor dem Leben, vor dem Weg durch die Welt, führt dazu, dass viele Menschen gar nicht richtig „in sich", nicht vollständig inkarniert sind. Sie sind deshalb auch nicht genügend „geerdet" - sie stehen nicht sicher auf dem Boden.

Eine gute Verbindung zur Erde ist für uns Menschen jedoch die Grundlage für das irdische Leben. Wir benötigen in der Welt eine gute Verwurzelung und Standfestigkeit. Sie geben uns Kraft, Halt und

Sicherheit. Statt die Lebensenergie aus dem Körper zurückzuhalten, sollten wir die erhaltende stärkende Kraft der Erde nutzen. Sie ist notwendig, damit der Erdenkörper ausreichend mit Lebenskraft erfüllt wird und die feinstofflichen Körper mit dem grobstofflichen Körper gut verbunden sind. Sonst geschieht es leicht, dass wir unsere Mitte und den Bezug zur Realität verlieren. Wir leben dann oftmals in einer Phantasiewelt und haben Schwierigkeiten in der materiellen Welt zurechtzukommen. Unbewusst bleiben wir an den Erinnerungen an das göttliche Licht - unserem Zuhause - hängen. Tief im Inneren sehnen wir uns zurück, um wieder so frei zu sein, wie in der geistigen Welt. Es fällt uns dann auch schwer für die täglichen Belange wie Nahrung, Geld und Unterkunft zu sorgen. Je mehr wir versuchen, die weltlichen Bedingungen zu ignorieren, desto anstrengender wird die Versorgung für das Überleben in der Welt. Denn die weltlichen Probleme lösen sich nicht, wenn wir der Welt entfliehen - im Gegenteil: sie laufen immer hinter uns her, bis wir uns ihnen stellen.

Manchmal benutzen wir Menschen auch die Meditation um „im Himmel zu verweilen", um möglicherweise die Bedürfnisse nach außergewöhnlichen geistigen Erfahrungen zu stillen und damit vor der schwierigen irdischen Welt zu fliehen. Vermutlich fällt es uns dann schwer, uns danach wieder getrennt vom Himmel auf der Erde zurechtfinden zu müssen. Viel wichtiger ist es deshalb, dass wir uns während der Meditation klar nach unserer Mitte ausrichten, wodurch eine Harmonisierung der unterschiedlichen

Kräfte in uns geschehen kann und sich mit der Zeit ein inneres Fundament aufbaut, das uns auch im Alltag trägt.

Das Sitzen in Meditation sollte auch eine Hilfe sein, den Gedankenprozess zu bändigen, damit wir ihn im Alltag nutzen können, wenn wir ihn benötigen und ruhen lassen können, wenn wir ihn nicht brauchen. Durch das Aufheben des ununterbrochenen zügellosen Denkens ziehen wir die Aufmerksamkeit vom Außen ab, richten sie nach innen und stärken dadurch den Kontakt zum Höheren Selbst. Die Begrenzung des Bewusstseins kann sich dabei auflösen und das „Sein in der Ewigkeit" erfahren werden. Mit der Zeit wird es uns dann immer leichter fallen, diese Erfahrung in uns aufrecht zu erhalten und mit dem täglichen irdischen Erleben zu verbinden. So wie auch die Meditationsmeister sich nach der Erleuchtung wieder ihrem Alltag zuwenden und „zum Brunnen gehen, um Wasser zu holen". Diese Meister sind nicht nur im Sitzen in Meditation. Für sie weitet sich Meditation ins gesamte Leben aus und sie halten ein ständiges „Sich-bewusst-sein" aufrecht, unabhängig davon, was sie gerade tun. Auf diese Weise bedeutet Meditation „Der Zeuge sein, für das was ist"!

Die Flucht vor dem Leben besagt aber auch, dass wir die wirkliche Verbindung mit dem eigenen Körper nicht voll und ganz zulassen – wir halten uns ein Stück weit von der Erde zurück. Das Ignorieren unseres Körpers und damit das Fehlen eines guten Körperbewusstseins führen zu Störungen des Lebensflusses und damit zu Schwäche, Krankheit und Leid.

Der Widerstand gegen das Irdische kann sich auch durch Probleme mit den Füßen auswirken. Die Füße als direkte Verbindung mit der Erde, werden nicht vollständig mit Lebenskraft erfüllt. Sie werden nicht richtig durchblutet, und das kann zu allen Arten von Fußproblemen oder auch zu permanent kalten Füssen führen. „Er hat kalte Füße bekommen!" - so drücken wir es ja auch in unserer oft symbolhaften Sprache aus, wenn jemand vor einer bestimmten Situation geflüchtet ist.

Das Ja-sagen zum irdischen Leben und dem materiellen Körper ist für uns Menschen jedoch von großer Wichtigkeit! Wir sollten dem Leben, der Erde und unserem Körper mehr Wertschätzung entgegen bringen. Wenn wir „Ja" sagen zum Leben, dann können wir auch unseren Körper bejahen und mit ihm „eins" sein. Harmonie und Gleichgewicht erreichen wir nur, wenn wir im Körper „zu Hause" sind und uns selbst begegnen.

Um ein wirklich freudiges, erfülltes Leben zu haben, ist es ganz wichtig, mit fester Überzeugung „Ja" zum Leben zu sagen. Nur diese feste Überzeugung: „Ich bin einverstanden und bereit fürs Leben! Ich will die Rolle in meinem Leben hier auf der Erde erfüllen!", kann uns dazu bringen, dass wir fest mit sicheren Beinen auf der Erde stehen. Nur dann können wir ein krafterfülltes Leben führen.

Natürlich bringt uns der Weg auf dieser Erde auch Leid und Verletzungen; aber das Leben bringt uns auch Freude und Liebe. Wenn wir uns wirklich einlassen, können wir die alten Strukturen erlösen und frei werden. In Wirklichkeit haben wir auch gar keine Wahl, außer dass wir den Prozess für eine Weile aufhalten. Aber wir kommen nicht drum herum, diesen Weg schlussendlich doch zu gehen. Es ist die einzige Möglichkeit, um uns von der Dunkelheit zu befreien und ins Licht zu gelangen. Nutzen wir den irdischen Körper lieber als Werkzeug, um in dieser Welt zu wirken.

Durch das Annehmen und Hinein-spüren in den Körper ist es uns möglich, die Lebensenergie in jeder Körperzelle wahrzunehmen. Wir können dabei alle Sinne unseres Körpers bewusst nutzen, mit den Augen die göttliche Schöpfung sehen, Geräusche und Stille mit den Ohren wahrnehmen, wir können riechen, schmecken, die Wärme und Kälte auf unserer Haut spüren. Setzen wir unseren ganzen Körper ein, um das körperliche, materielle Sein in vollem Maße zu erfahren und uns am Körper, an der Erde zu erfreuen. Es ist ein Abenteuer hier zu sein und nicht selbstverständlich.

Bei all den Wahrnehmungen ist es uns möglich, zu spüren, wie die Lebenskraft in unserem Körper fließt und vibriert und dass der Körper nicht so begrenzt und fest ist, wie wir das normalerweise glauben. Die Verbindung zum wahren Sein wird dadurch wieder bewusst erlebbar.

Befreit sind wir, wenn wir uns einerseits voll dem Leben hingeben und andererseits das persönliche Selbst ein Stück „zurücknehmen". Das heißt, wenn wir uns als Ausdruck, als Werkzeug des Höheren Selbst erleben können und den Ereignissen der Welt keine so große Bedeutung mehr beimessen - nicht mehr betroffen und abhängig sind von den Früchten, den Ergebnissen unseres Handelns. Dann erst sind wir im Frieden und unabhängig von Erfolg oder Misserfolg, Lob oder Tadel, Ansehen oder Ablehnung, Gewinn oder Verlust. Deshalb heißt es in der Bhagavad Gita:

„Darum tue immer das Werk, das getan werden muß (...) ohne Verhaftung! Denn durch Handeln ohne Verhaftung gelangt der Mensch zum Höchsten.".[1]

Es ist eine gewaltige Aufgabe, diesen Weg zu gehen und erfordert viel Übung mit Geduld und Disziplin im täglichen Leben, um uns immer wieder auf das Höhere Selbst zu konzentrieren. Die Lehren aller Religionsrichtungen sind auf dieses Ziel ausgerichtet: über das persönliche Selbst hinauszuwachsen, um Göttlich zu werden. Alle Religionsrichtungen und spirituellen Ausrichtungen bieten eine Fülle von Übungen, Ritualen und Zeremonien an, die uns helfen, stetig auf diesem Weg voranzukommen: Meditationen, Gebete, Niederknien und Niederwerfungen, Rezitationen von Mantras (Verse aus gesungenen oder gesprochenen Lauten mit einer machtvollen Schwingung) und Sprüchen, Prozessionen, Opfer, Askese, Verzicht und vieles mehr. All diese Rituale und Dienste sind eine Art „Geländer", an dem wir uns beim Üben erst einmal

---

[1] Die Bhagavadgita, Kap. 3, Vers 19

festhalten und führen lassen können. Sie sind uns eine Hilfe, das persönliche eingeschränkte Ich ganz allmählich aufzugeben und dadurch dem Göttlichen Ich näher zu kommen. Jeder Mensch sucht sich bewusst oder unbewusst - indem er in die entsprechende Kultur hineingeboren wird und die dort praktizierte Religion annimmt - die Richtung aus, die ihm auf seinem Weg in diesem Leben am besten weiterhilft.

Irgendwann einmal kommt jedoch die Zeit, in der wir das von den Religionen angebotene „Geländer" wieder loslassen und uns ganz auf die innere Stimme verlassen sollten. Dann überlassen wir allein dem Herzen die Führung für unser Leben.

Mir war es in meiner langjährigen Prüfungszeit unter anderem eine große Hilfe, mich immer wieder in das „Jetzt" zu begeben. In der geistig-göttlichen Welt gibt es keine Zeit - da existiert Ewigkeit. Ewigkeit ist keine unendlich lange Zeit. Ewigkeit ist die Aufhebung von der Zeiteinheit „Vergangenheit – Gegenwart – Zukunft". Ewigkeit ist also immer „Jetzt". Wenn wir lernen, im „Jetzt" zu leben, sind wir mit der geistigen Ebene identifiziert und leben zwar mitten in der irdischen Welt, sind aber dennoch befreit von ihr.

Unsere Probleme sind immer verbunden mit der Vergangenheit oder der Zukunft. Wenn bei mir Sorgen auftauchten, zum Beispiel über meine finanzielle Existenz, habe ich mich sofort in das „Jetzt und Hier" hineinbegeben und nachgespürt, wie es mir jetzt geht. Und jetzt ging es mir immer gut. Für jetzt hatte ich alles, was ich brauchte, und meine Probleme waren jetzt existenzlos. Das heißt nicht, dass ich jetzt nicht auch handeln und Vorsorge treffen musste - „für mich sorgen", aber nicht „mich sorgen" musste. „Mich sorgen" ist passiv und zieht uns hinunter in Ängste. „Für mich sorgen" ist aktiv und findet im „Jetzt" statt. Sobald wir uns in den Augenblick der Zeitlosigkeit hineinbegeben, treten wir innerlich einen Schritt aus der äußeren Welt zurück und sind in der Rolle des Beobachters unseres Lebens. In diesem Jetzt sind wir absichtslos - sind nicht abhängig von der Zukunft und der Vergangenheit. Im Jetzt sind wir nicht mit unseren Gedanken verbunden und folgen nur noch den in uns aufkommenden Impulsen des Höheren Ichs.

Das große Ganze

Würden wir das Leben als Beobachter wahrnehmen, anstatt ständig in die Geschehnisse eingreifen zu wollen, müssten wir uns weder anstrengen, noch uns Sorgen machen. Denn in Wahrheit entfaltet sich das Leben aus sich selbst heraus!

Die Welt besteht aus einer großen Göttlichen Ordnung – ähnlich einem Mandala. Und alles Leben wird gesteuert von der einen göttlichen Intelligenz. Wir Menschen, die Tiere, die Natur, das ganze Universum, alles bewegt sich aus dieser Kraft heraus und ist mit eingeschlossen in ein großes Ganzes. All unser Fühlen, Denken und Handeln wird aus diesem kosmischen Sein heraus gelenkt.

Normalerweise glauben wir Menschen, wir seien einzelne individuelle Wesen und unser Tun läge in unserer eigenen Hand. Wir gehen davon aus, dass wir einen freien Willen haben mit dem wir entscheiden wie und wann wir etwas tun. Es ist geradeso als hätte ein Wassertropfen aus einem Springbrunnen ein Ich-Gefühl und würde denken, er hätte sich entschieden ins Wasser zurückzuspringen; oder eine Welle im Meer würde glauben: Ich springe in die Höhe!, oder gar der Wind ginge davon aus, dass sein Wehen in eine bestimmte Richtung auf seiner eigenen Willensentscheidung beruht.

Aus unserer menschlichen Sicht ist klar, dass weder der Wassertropfen, noch die Welle und der Wind keine eigenen Willensentscheidungen treffen. Von einer höheren Warte aus gesehen sind jedoch auch das persönliche Ich und der freie Wille des Menschen eine Illusion. In Wirklichkeit nimmt das Leben seinen Lauf – es passiert einfach. Alice Bailey schreibt dazu:

"Alle untermenschlichen Lebensformen und die menschlichen Formen bis hinauf zur Stufe des vorgeschrittenen Menschen werden durch göttliches Denken gelenkt und beherrscht, und zwar mittels ihrer Energiekörper, die integrale Teile des Ganzen sind.".[1]

Aber auch Pilatus dachte, dass das Schicksal von Jesus in seiner Hand läge. Pilatus im Richthaus zu Jesus:

„(...) Weißt du nicht, daß ich Macht habe, dich loszugeben, und Macht habe, dich zu kreuzigen? Jesus antwortete: Du hättest keine Macht über mich, wenn sie dir nicht wäre von oben her gegeben.".[2]

An anderer Stelle im Johannesevangelium heißt es:

„Johannes antwortete und sprach: Ein Mensch kann nichts nehmen, es werde ihm denn gegeben vom Himmel.".[3]

Diese Bibelstellen vermitteln uns, dass wir letztlich gar nichts in der Hand haben. Auch in der Bhagavadgita können wir lesen:

---

[1] Alice A. Bailey, Telepathie und der Ätherkörper, S. 15
[2] Joh. 19, 10-11
[3] Joh. 3, 27

„Zwar werden alle Handlungen ausschließlich von den Seins-Bestimmungen der Natur (...) vollzogen. Dennoch meint der Mensch, dessen Selbst durch seine Ich-haftigkeit verwirrt ist, sein Ich bewirke sie.".[1]

Das irdische Leben besteht aus einem selbstständigen Ablauf von Ereignissen und Geschichten. Jedes Wirken, jede Bewegung geschieht im Einklang mit dem schöpferischen Willen Gottes. Wir alle sind nicht getrennt davon – wir sind Eins mit dem Leben, wie auch der handelnde Körper Eins ist mit seiner Tat.

Da alles in der Welt miteinander verbunden ist, übt auch alles einen Einfluss auf das gesamte Universum aus – jegliche Handlung, jede Bewegung, jede Gedankenschwingung, das ganze Weltgeschehen ist verwoben mit dem Gesamten. Alles geschieht innerhalb eines großen Planes, einer Ordnung, in der sich alles Leben ganz von selbst entfaltet und seinen Lauf nimmt. Es ist eine Ordnung, die frei ist von jeder Absicht und jedem Motiv; sie will nichts erreichen – nur Sein. Und aus diesem Sein heraus geschieht auch all unser Tun. Das ganze Leben basiert auf einer höheren Intelligenz, die uns lenkt und die wir gleichzeitig selbst sind.

Beim aufmerksamen Betrachten des Lebens können wir alle erkennen, dass unsere Lebenswege oftmals durch kleine „Zufälle" in entscheidende neue Richtungen gelenkt wurden. Für mich ist ein „Zufall" Teil der göttlichen Bestimmung, es ist das, was uns vom

---

[1] Die Bhagavadgita Kap. 3, Vers 27

Schicksal, von der Göttlichen Ordnung her *zufällt*.
Zum Beispiel traf ich unerwartet eine Bekannte, die
mir von einer freien Arbeitsstelle bei einem älteren
Herrn erzählte. Ich ging auf das Angebot ein und
spürte gleich bei der ersten Begegnung mit diesem
Menschen eine große Vertrautheit aus der sich eine
tiefe Verbundenheit entwickelte. Diese Begegnung hat
vieles Neues in meinem Leben bewirkt und war doch
nur durch ein „zufälliges" Zusammentreffen auf der
Straße entstanden. Ein anderes Mal rief ich bei einer
Zeitung an, um nach einer Arbeit als Fotografin zu
fragen. „Zufällig" suchte die Redaktion gerade ganz
dringend nach einem Fotografen und ich konnte gleich
am darauffolgenden Tag dort mit meiner Arbeit
beginnen. Ich bin überzeugt davon, dass solch eine
Reihe von Verkettungen „von oben" gesteuert wird. Es
ist ein höherer Lebensplan, der aus sich selbst heraus
wirkt und uns und alles Geschehen in der Welt
zusammenfügt – und das alles zur rechten Zeit und am
rechten Ort.

Daraus können wir schließen, dass selbst solche
Vorgänge, für die wir uns - aus irdischer Sicht heraus
– selbst entscheiden mussten, ohnehin geschehen
wären, auch wenn wir vor unserer Entscheidung viele
verschiedene Möglichkeiten hin und her gewälzt haben
und uns nach langer Bedenkzeit letztlich mit unserer
ganzen Willenskraft für diese eine Lösung entschieden
haben. Aus höherer Sicht gesehen steht also schon im
Vorhinein fest, welche Entscheidung wir fassen
werden. Denn auch wir sind Teil des Weltgeschehens
und all unser Tun – mit eingeschlossen unsere

Entscheidungen - entfaltet sich aus dem großen spontanen und dennoch geordneten Spiel.

Das bedeutet aber nicht, dass wir uns im Lehnstuhl zurücklehnen und das Welten-Spiel an uns vorbeilaufen lassen können, weil das Leben ja sowieso von selbst geschieht. Wir müssen trotzdem tun, was geschehen will. Aus menschlicher Sicht müssen wir als Akteure die Verantwortung für unser Tun übernehmen. Wir müssen planen und handeln, die irdischen Pflichten erfüllen, unsere Aufgaben bewältigen und müssen Position beziehen.

Völlig untätig sein ist ohnehin niemandem möglich. Wenn wir es versuchen, wird es uns vielleicht für kurze Zeit gelingen. Aber zu irgendeinem Zeitpunkt werden wir einen inneren Drang zum Handeln verspüren, einen Impuls, der uns aktiv werden lässt. Zum Beispiel können das schlechte Gewissen oder das Verantwortungsgefühl uns zur Pflicht rufen oder das Hungergefühl verlangt nach Nahrung, das Bedürfnis nach menschlicher Nähe oder sich einfach nur bewegen zu wollen kommen in uns auf. Selbst wenn wir uns nicht von der Stelle bewegen, ist es letztlich eine aktive Handlung: Wir entscheiden uns dafür, uns nicht zu bewegen. Auch das Denken ist ein aktiver Vorgang, und wer von uns kann schon den Verstand völlig ruhig halten? Es geht hier nicht um das persönliche Untätigsein, bei dem wir uns dazu entscheiden, nichts zu tun. Wenn wir erkennen, dass wir nicht der Handelnde sind, ist es völlig belanglos, ob wir etwas tun oder nicht tun.

Von der irdischen Seite her ist es unsere Aufgabe das Spiel der Entscheidungen zu spielen. Wir müssen schauen, welche der vielen Möglichkeiten und Wege, die uns das Leben bietet, wir in Anspruch nehmen wollen. Es gehört zum Lebensspiel dazu, dass wir Probleme, die in unserem Alltag auftauchen, lösen, beispielsweise die Ängste überwinden, um uns auf bestimmte Situationen einzulassen und unsere Willenskraft einsetzen, um etwas zu erreichen - und wir haben die Verantwortung für unser Tun zu tragen.

Gleichzeitig geschieht all das „von oben gesehen" geplant und im Einklang mit dem Göttlichen, so dass wir gar nicht anders können, als unser Schicksal genau auf die Art wie wir das tun, zu erfüllen. Denn wir sind der Ausdruck der schöpferischen Kraft - das Werkzeug des wirkenden Geistes. Es ist eine Vereinigung der göttlichen Kraft mit dem menschlichen Tun.

Für den Verstand ist die Vorstellung von einem selbstständig ablaufenden Geschehen unbegreiflich und es scheint ihm so eindeutig, dass es doch unsere persönliche Entscheidung ist, ob wir es zum Beispiel wagen, die Frau anzusprechen, die uns gefällt, die Chefin um eine Gehaltserhöhung zu bitten oder einen Anruf zu tätigen, um uns bei einer freien Arbeitsstelle zu bewerben. Und doch gehören all diese Entscheidungen mit zu dem großen kosmischen Spiel, das für uns unkontrollierbar abläuft.

Im Normalfall gehen wir davon aus, dass „Ich denke" und „Ich tue". Aber alle Gedanken „fallen in uns hinein". Genauso sagen wir auch: „Mir kam plötzlich der Gedanke! - Mir ist plötzlich etwas „eingefallen"! - Ich hatte den Impuls, dies oder das zu tun!" Das zeigt uns, dass uns eine höhere Kraft führt, dass sie uns „lebt". ES lebt, handelt, fühlt und denkt durch uns.

Nun könnten wir einwenden, dass der Mensch bei solch einer Sichtweise wie eine Marionette ist und keine menschliche Freiheit hätte, dass er manipuliert wird, wenn er ohne eigenen Willen und ohne Handlungsentscheidung ist.

Dennoch empfindet sich ein Mensch, der sich seiner wahren Natur bewusst ist und sich mit dem höheren Bewusstsein identifiziert, in völliger Freiheit.

Schauen wir uns zum näheren Verständnis symbolisch die Aktionen eines Puppenspielers und einer Marionette an: Als Puppenspieler – dem höheren Bewusstsein - wählen wir das Spiel aus, das wir als Marionette auf der „Bühne Welt" spielen wollen und fühlen uns damit frei. Nur wenn wir uns als Marionette getrennt vom Puppenspieler erleben und davon ausgingen, dass wir von ihm geleitet würden, fühlen wir uns unfrei und ohne eigenen freien Willen.

Oder nehmen wir das Beispiel vom Meer und der Welle. Hierbei fällt es uns leichter zu erkennen, dass die Welle eins ist mit dem Meer: Das Meer steht dabei symbolisch (wie der Puppenspieler) für das höchste Bewusstsein und es fühlt sich frei. An manchen Stellen springt es (als Welle) in die Höhe. Gleichzeitig finden wir jedoch (in unserem Beispiel) bei der Welle selbst eine ganz andere Bewusstseinsebene: Sie empfindet sich als „Einzelwesen", das, wenn es möchte, in die

Höhe springt. Aus ihrem Bewusstsein als Einzelwesen fühlt sich auch die Welle zunächst einmal frei. Erst wenn sie erfährt, dass sie ein Teil des Meeres ist und von diesem abhängig ist, fühlt sie sich manipuliert – bis sie erkennt, dass sie selbst das Meer ist.

Wir Menschen sind im übertragenen Sinne gleichzeitig der Puppenspieler und die Marionette, bzw. das Meer und die Welle. Wir sind das Schöpferische universelle Bewusstsein, das sich hier auf Erden als Mensch im physischen Körper inkarniert hat und durch diesen fühlt, denkt und handelt. So wie der Atemstrom ganz von selbst in uns einströmt, ohne dass wir den Entschluss zum Atmen fassen, lebt sich auch das Leben durch unseren Körper ganz von selbst.

Wir erreichen eine große Freiheit, wenn wir uns mit dem Göttlichen Sein identifizieren und uns leben und handeln lassen, anstatt uns mit der irdischen Welt und dem persönlichen Ich zu verstricken und uns abhängig zu machen von den Ergebnissen unserer Handlungen. Überlassen wir die Führung unseres Lebens lieber dem Höheren Selbst, das wir in Wirklichkeit sind.

Es steht auch in der Bhagavadgita geschrieben:

„Wer im Handeln das Nicht-Handeln wahrnehmen kann und erkennt, wie das Wirken sich fortsetzt, wenn er vom Wirken zurücktritt, ist unter den Menschen derjenige von wahrer Vernunft und Unterscheidungskraft."[1]

---

[1] Die Bhagavadgita Kap. 4, Vers 18

Im Grunde spielt es keine Rolle, ob wir um diese Dinge wissen oder nicht, wenn wir sowieso unser Werk vollenden müssen. Und doch hilft uns dieses Bewusstmachen das Leben leichter und freier zu durchleben.

Da es uns in Wirklichkeit gar nicht möglich ist, auf den Fluss des Lebens einzuwirken, können wir den Dingen ihren Lauf lassen. Wir brauchen uns nicht zu sorgen, um das was geschieht – es geschieht ja ohnehin ganz von allein. Wir können im Tun entspannen und vertrauen - es kann nichts Falsches geschehen. Selbstverständlich sind wir auf der irdischen Seite für unsere Handlungen verantwortlich. Wir können nicht behaupten: Ich bin unschuldig, mein Schicksal hat es so gewollt! Nur mit der Hingabe unserer Taten, dem Willen, den Wünschen, unserer Ängste und unserem Selbst an das Göttliche erhalten wir die vollkommene Freiheit. Mit Leichtigkeit hält dann das Leben die Dinge in Gang und führt sie zum Ziel.

Sind wir dagegen der Meinung, das Leben und die Welt lägen in unseren Händen und seien von unserem Handeln abhängig, tragen wir die Last des Lebens und machen es uns unnötig schwer. Wir versuchen dann das Leben zu kontrollieren, strengen uns an und verausgaben uns im äußeren Tun.

Es fällt uns leichter loszulassen und die Rollen in unserem Leben zu spielen, wenn wir wissen, es hängt nicht alles von uns ab, es geschieht trotz allem das „Richtige", das, was im Zusammenhang mit dem ganzen Kosmos geschehen soll - das, was „im Buche geschrieben steht". Denn unsere persönliche Geschichte und die Geschichte des ganzen Universums sind von „ein und derselben Hand" geschrieben. Dies bezeugen auch die Worte von Michael Ende in seinem Buch *Die unendliche Geschichte*: „Es war kein eigentliches Schreiben, was er tat, vielmehr glitt sein Stift langsam über die leere Seite hin und die Buchstaben und Wörter bildeten sich wie von selbst, sie tauchten gleichsam aus der Leere auf. Die Kindliche Kaiserin las, was da stand, und es war genau das, was in diesem Augenblick geschah, nämlich: ‚Die Kindliche Kaiserin las, was da stand ...'. ‚Alles, was geschieht', sagte sie, ‚schreibst du auf.' ‚Alles, was ich aufschreibe, geschieht', war die Antwort.".[1]

Auch wenn wir uns mit Astrologie beschäftigen, werden wir feststellen, dass alles Geschehen seine bestimmte Zeit hat. Ich will damit nicht sagen, dass unser Leben von den Sternen abhängt. Ich sehe es eher so, dass in einer bestimmten Zeitqualität - also in einem Moment, in dem die Zeit für etwas Bestimmtes „reif" ist - die Sterne am Himmel entsprechend ange-ordnet sind, und parallel dazu das Geschehen auf der Erde entsprechend dieser Zeitqualität abläuft. So wie beispielsweise im Frühjahr die Sonne astrologisch im Tierkreiszeichen Widder steht (Widder symbolisiert unter anderem Durchsetzungskraft und Neubeginn) und gleichzeitig in der Natur eine gewaltige Kraft zu erkennen ist, die alles neu zum Sprießen und Erblühen bringt. Die Sonne steht genauso wenig im Tierkreis-zeichen Widder, weil auf der Erde Frühling ist, wie

---

[1] Michael Ende, Die unendliche Geschichte, S. 184

Frühling auf der Erde ist, weil die Sonne im Tierkreiszeichen Widder steht. Es geschieht synchron, weil alles ein einziges kosmisches Geschehen ist, „Alles was aufgeschrieben wird, geschieht und alles was geschieht, wird aufgeschrieben".

All dies ist unabhängig von unserem Tun – der Sonnenlauf durch den Tierkreis und ebenso der Ablauf der Jahreszeiten finden Jahr für Jahr ganz von selbst statt. Es gibt nichts zu erreichen und nichts zu verlieren! Wir können Loslassen und dem Fluss des Lebens vertrauen - können Kanal sein für die Lebenskraft und staunend das beobachten, was geschehen will! Paulo Coelho beschreibt es so: „Leben zieht Leben an", bemerkte der Alchimist. Und der Jüngling verstand. Sogleich ließ er die Zügel seines Pferdes locker, und es bewegte sich frei durch die Steine und den Sand."[1] So folgt das Leben seinem eigenen Lauf, darauf können wir vertrauen! Wir brauchen uns also gar nicht anzustrengen und dem Leben hinterher zu jagen - das Leben kommt zu uns, um sich durch uns zu erfüllen. Alles findet zur rechten Zeit seinen Weg und seine Erfüllung.

Eine wunderbare Formulierung hörte ich einmal von einer älteren Frau, die sehr Schweres durchleben musste. Sie sagte: „Wir müssen unser Schicksal erfüllen!" und zu einer anderen Zeit meinte sie: „Ich hoffe, das hat hier alles bald ein Ende! – Aber da ist einfach noch Leben in mir, das noch nicht verbraucht ist und noch ausgelebt werden will!" Sie wusste

---

[1] Der Alchimist, Paulo Coelho, S.124

(vielleicht auch eher unbewusst), dass sich das Leben von selbst „ausleben" will, damit sich „das Schicksal erfüllt".

Halten wir also „die Zügel" locker! Lehnen wir uns innerlich zurück und lassen geschehen, was geschehen will. Lassen wir zu, gelebt zu werden.

Vertrauen wir auf eine größere Kraft, die uns führt und vergessen Zukünftiges und Vergangenes, seien wir völlig eins mit jeder Situation und lassen uns so vom Leben selbst tragen. So ist das Dasein mühelos und alles geschieht spielerisch und leicht. Es ist sicherlich nicht so, dass uns dabei niemals ein weltliches Leid oder ein Unfall geschehen oder uns niemals eine Krankheit befallen könnte. Aber auch wenn wir uns noch so sehr davor schützen wollten – wenn es in unserem Lebensplan enthalten ist, würde es uns dennoch ereilen. Wir können jedoch darauf vertrauen, dass die höhere Kraft immer weiß, was das Beste für uns und unseren Seelenweg ist.

An den Kindern können wir oftmals erkennen, wie sie noch mit der schöpferischen Kraft verbunden sind und sich genau in diesem Lebensspiel bewegen (solange sie noch nicht zu sehr von uns Erwachsenen „erzogen" worden sind). Sie glauben noch nicht an das Konzept, dass wir Menschen die Kontrolle über das Leben haben und „lassen sich leben", spontan, immer im jeweiligen Augenblick, ohne Planung für die Zukunft und ohne den Druck etwas erreichen zu wollen oder zu müssen. Sie haben ein völlig natürliches, unbefangenes Verhalten, folgen den in ihnen aufkommenden

Impulsen und setzen sie unmittelbar ins Leben um. Ohne Vorstellungen wie sie sein wollen oder sollen drücken sie genau ihre eigene individuelle Art aus.

Ebenso wie die Kinder überlegen auch Tiere nicht, wie sie zu reagieren haben und folgen den in ihnen gesteuerten Impulsen. So lässt sich zum Beispiel auch ein Vogel automatisch mit seinem Vogelschwarm in bestimmte Richtungen treiben. Er „handelt" nicht als „Ich", als Individuum, sondern jeder einzelne Vogel gibt sich der Einheit hin und „lässt sich leben". Er fliegt mit seinem gesamten Schwarm die Routen und alle zusammen bilden sie wunderschöne Formen. Sogar die wilde Kraft einer rasenden Büffelherde lässt uns spüren, wie fatal es wäre, wenn ein einzelner Büffel seinen eigenen individuellen Willen durchsetzen würde und dadurch sein Rennen in eine andere Richtung zielen würde, statt dass er sich der Göttlichen Ordnung hingibt und sich „leben lässt". Es würde ihm entweder erst gar nicht gelingen oder er würde in Windeseile von den anderen Büffeln totgetrampelt. Jeder einzelne Büffel, wie auch jeder Vogel im Vogelschwarm ordnet sich dem höheren Willen der Herde – bzw. dem Schwarm – unter und tut, was die Herde oder der Schwarm als Ganzes – als Kraft des Göttlichen - will.

Nur wir Erwachsenen besitzen im Allgemeinen ein sehr verfestigtes Ich-Gefühl, das uns glauben macht, wir wären selbst die Handelnden. Aber diese Aufmerksamkeit auf das Ego, das persönliche Selbst, blockiert im Grunde unseren freien spontanen Ausdruck. Wir wollen dann das Leben im Griff haben, es kontrollieren und beherrschen und unseren Bedürfnissen und Vorstellungen unterordnen. Wir haben Angst, dass alles schief läuft, wenn wir uns nicht um die Lebensumstände kümmern. Aus Angst Fehler zu machen werden wir oftmals zu „vernünftig" und engen uns dadurch in unserem Tun ein. Während Kinder unmittelbar handeln, reagieren wir Erwachsene entsprechend unseren Konditionierungen. Wir handeln aus den tiefen Mustern heraus, die wir uns in der Vergangenheit antrainiert haben und sind abhängig davon, unser Tun besonders gut zu machen, um bewundert und gelobt zu werden, sind ehrgeizig und zielen darauf ab andere zu übertrumpfen und der Beste sein zu wollen. Wir sind so sehr daran gewöhnt, tun zu müssen, die Verantwortung für alles Geschehen zu tragen oder uns andererseits schuldvoll vor dieser schweren Verantwortung zu drücken, dass wir gar nicht mehr wissen, wie es anders sein könnte. Von solchen konditionierten und gefühlsabhängigen Zielen fühlen wir uns gestresst, überfordert und unfrei. Spontanes Handeln dagegen ist in jedem Augenblick neu und beruht nicht auf etwas Erlerntem.

Anstatt mit der Existenz im Kampf zu sein, sollten wir den Dingen ihren Lauf lassen – sollten nichts forcieren oder in die Geschehnisse eingreifen. Dann geschieht alles wie von selbst – das Glück sowie das Unglück. Wir beobachten als Zeuge, wie alles in diesem Spiel entsteht und wieder vergeht. Alles löst sich auf und beginnt wieder von Neuem. Es ist ein unaufhörliches Kommen und Gehen von Glück zu Unglück und wiederum zum Glück. Und oft genug entpuppt sich eine Situation, die wir im ersten Moment als Unglück empfunden haben, später letztendlich als Glück. So ist unser Leben in Wahrheit einfach nur ein Spiel, eine Geschichte, mehr nicht!

Die oft gestellte Frage, ob wir einen freien Willen haben oder nicht, kann ich für mich nur so beantworten, dass es beides gleichzeitig ist: Wir haben auf einer Ebene – der persönlichen Ebene - einen freien Willen und auf einer anderen Ebene – von einem höheren Blickwinkel aus gesehen - haben wir keinen freien Willen. In der Rolle des Beobachters sind wir mit dem Höheren Selbst identifiziert und nehmen nur wahr, was geschieht und folgen zeitgleich den Impulsen, die in uns aufkommen - wir „tun ohne zu tun", wie es im ZEN heißt.

In jedem Augenblick haben wir die Möglichkeit, den Willen einzusetzen - und gleichzeitig ist alles, was geschieht, eingebunden in einen großen, unendlichen Göttlichen Plan. In dieser Göttlichen Ordnung - in der Wahrheit - sind wir alle Eins. Einen individuellen freien Willen könnten wir nur haben, wenn wir als Einzelwesen voneinander getrennt wären. Aber wir alle hängen miteinander zusammen und „werden gelebt". Alles Leben bildet eine große Einheit. So heißt es auch in dem Brief des Paulus an die Philipper:

„Denn Gott ist's, der in euch wirkt beides, das Wollen und das Vollbringen, zu seinem Wohlgefallen."[1]

---

[1] Phil. 2,13

Um Freiheit zu erlangen, ist es das Ziel des Menschen, das persönliche Wollen der Göttlichen Bestimmung hinzugeben und das wirklich zu wollen, was geschehen will. Wenn wir uns dem Höheren Selbst hingeben, dann sind unser persönlicher Wille und Gottes Wille eins geworden - dann „wollen wir Gottes Willen tun". Dann sind Wollen und Hingabe - Meer und Welle, Puppenspieler und Marionette, Menschliches und Göttliches - zu einer Einheit verschmolzen.

Mache dich auf und werde Licht

Die Sonne ist der Urgrund, aus dem alle Planeten und die Erde erschaffen sind. Sie ist der einzige Körper in unserem Sonnensystem, der selbst Licht erzeugt. Der Mond, die Planeten und unsere Erde werden dagegen von der Sonne bestrahlt und mit Licht versorgt. Die Sonne ist der Schöpfer des Lichts. In unserem planetarischen Sonnensystem ist sie die Mitte, die höchste Kraft und alle Planeten und die Erde stehen mit ihr in Verbindung.

Obwohl die Sonne Millionen von Kilometern von uns entfernt ist, sind auch wir durch ihr Strahlen mit ihr verbunden und können die Wärme und das Licht, das sie uns schenkt, in uns aufnehmen. Die ganze Natur, die Pflanzen, die Tiere und wir Menschen leben aus der Kraft der Sonne. Ohne das pulsierende Licht der Sonne könnten wir nicht existieren; es gäbe kein Leben auf der Erde. Die Sonnenenergie ist auch Nahrungsgrundlage für alle Menschen und Tiere.

Den Menschen früher und in anderen Kulturen waren die Zusammenhänge zwischen der Sonne, der Erde und den Menschen noch bewusster als uns das heutzutage ist. Sie hatten noch einen Bezug zur Sonne. Die indigenen Völker beispielsweise begrüßten die Sonne bei Sonnenaufgang und verabschiedeten sie beim Untergehen und sangen ihr Dankeslieder, um das Eins-sein mit der universellen Sonne auszudrücken.

Es gab Sonnentänze und Sonnenbruderschaften, durch die die Menschen der Sonne ihren Respekt, ihre Liebe und ihren Dank entgegenbrachten. Bei den alten Ägyptern gab es Sonnengötter. Sie verehrten den Sonnengott RA als oberste Gottheit und bauten Sonnentempel zu dessen Anbetung. Für sie alle war die Sonne der Schöpfer selbst.

Wir dagegen haben die Sonne heutzutage in unserem täglichen Leben weitgehend vergessen. Allerdings nimmt das Feiern der Sonnenwendfeste auch in unserer Kultur wieder langsam zu. Hier werden die Kraft und die Fruchtbarkeit des Großen Sonnengeistes gefeiert und mit lodernden Feuern wird dabei auf den Wiesen die Freude an der Sonne und der Wärme, die sie uns schenkt, ausgedrückt.

Mit unseren physischen Augen sind wir auch nur imstande die physische Gestalt der Sonne zu erkennen - die geistige Entsprechung der Sonne dagegen können wir nur geistig intuitiv aufnehmen. Die sichtbare Sonne ist gewissermaßen der Leib, die Verkörperung der unsichtbaren geistigen Sonne - des Geistigen, Alldurchdringenden.

Alles im Sonnensystem Existierende ist aus ein und demselben Stoff entstanden. Einzig die Dichte der verschiedenen Substanzen ist unterschiedlich. So enthält unsere Erde, ebenso wie auch unser Körper dieselben Stoffe wie die Sonne. Der deutsche Mystiker Jakob Böhme schreibt dazu:

> „Es wird gesäet ein natürlicher, grober und elementarischer Leib, der ist in dieser Zeit den äußeren Elementen gleich. Und in demselben groben Leibe ist die subtile Kraft, gleichwie in der

Erden eine subtile gute Kraft ist, welche sich mit der Sonnen vergleichet und einiget, welche auch im Anfange der Zeit aus göttlicher Kraft entsprungen ist, daraus auch die gute Kraft des Leibes ist genommen worden.".[1]

Bei der „subtilen guten Kraft der Erde, die sich mit der Sonne einiget", handelt es sich um den Ätherleib der Sonne, der über das ganze Sonnensystem erstrahlt. Auch wenn uns die Sonne weit weg erscheint und wir uns als getrennt von ihr erleben, sind wir doch alle - alle Menschen und alle Wesen der Erde, alle Formen und Gegenstände, die ganze Schöpfung - in dieser Äthersubstanz als ein riesiger lebendiger Organismus eingebunden. Wir können das Licht, die Wärme der Sonne am eigenen Leib spüren, denn auch unser Ätherkörper ist kein eigenständiges „Gebilde". Er steht wie durch ein feines zusammenhängendes Gewebe mit dem Ätherleib der Erde und damit wiederum mit dem Ätherleib der Sonne in Verbindung. Dieses ätherische Gewebe ist der Übermittler der Sonnen- und Lebensenergie an unseren physischen Körper.

Wir können uns dieses Gewebe vorstellen wie aus feinen Kanälchen, durch die die Lebensenergie hinein und hinaus fließt, sodass ein ständiger Wechsel, eine ständige bewegliche, fließende Verbindung mit dem physischen Körper und dem universellen Körper stattfindet. Auch der Atemstrom gehört zur ätherischen Verbindung dazu und erfüllt den Körper mit Lebensenergie. Erst diese Kraft hält den irdischen

---

[1] J. Böhme, Vom übersinnlichen Leben, S. 56-57

Körper am Leben. Endet der Atemstrom, ist auch die Verbindung zwischen dem materiellen Körper und dem geistigen Körper unterbrochen und unser irdisches Dasein erlischt.

Durch diesen ständig fließenden Lebensstrom sind natürlich auch wir alle miteinander verbunden und voneinander abhängig. Das Einzige das uns voneinander unterscheidet, ist lediglich die Vorstellung, wir seien voneinander getrennte Einzelwesen.

Symbolisch gesehen entspricht die Sonne dem Licht, der Liebe und dem Herzen; sie verkörpert Lebenskraft und Hoffnung.

Wenn wir uns das Sonnensystem wie einen großen Körper vorstellen, dann nimmt die Sonne die Stellung des Herzens ein - sie ist der strahlende Mittelpunkt. Von diesem Mittelpunkt aus - der Quelle unseres Lebens - beziehen wir all unsere lebensspendende Kraft.

Die Sonne strahlt Licht ins ganze Universum ab und in einem unablässigen Kreislauf fließt es wieder zu ihr zurück. Es ist ein fortdauerndes Aufnehmen, Abstrahlen und Weitergeben an die Erde und an die Menschen.

So ist die Sonne endlos dienend und gebend. Sie strahlt ihren Überfluss in die ganze Welt, in die gesamte Schöpfung. Und sie tut diesen Dienst ganz von selbst - sie braucht sich nicht anzustrengen - es geschieht ganz einfach, indem sie „ist". Sie dient uns, indem sie einfach da ist. Sie strahlt aus sich selbst heraus.

Wenn wir uns die Sonne als Vorbild nehmen, spiegelt sie uns das wieder, was letztlich auch unsere menschliche Aufgabe ist. Sie zeigt uns, dass wir ein Ebenbild ihrer Vollkommenheit werden können - und in Wirklichkeit sind. In der Astrologie wird unser ureigenes Ich, unser wahres Wesen durch die Sonne symbolisiert; sie steht also für das Göttliche in uns. In dem Maße, in dem wir eine bewusste Verbindung mit der Sonne – dem Geistigen – herstellen, „bauen" wir am Göttlichen Selbst in uns. So heißt es bei Gustav Theodor Fechner:

„Da wird der Mittelpunkt des inneren Menschen zu einer Sonne entbrennen, welche alles Geistige in ihm durchleuchten und zugleich als inneres Auge durchschauen wird mit überirdischer Klarheit."[1]

Nehmen wir uns die Sonne, die endlos von ihrer Kraft abgibt, als Vorbild. Wenn wir uns ganz bewusst an den Kreislauf der Sonnenkraft anschließen, und diese in uns aufnehmen, können auch wir uns ausdehnen, weit werden und dadurch von der Lebenskraft abgeben - an alle, die im Dunkeln leben. In diesem Kreislauf werden wir selbst immer versorgt und versorgen gleichzeitig alles Leben um uns herum. So sind wir Teil des unendlichen Universums. Machen wir uns auf und werden wir zu „strahlenden" Menschen! Je mehr wir selbst weit und licht werden, desto stärker entwickelt

---

[1] Gustav Theodor Fechner, Das Büchlein vom Leben nach dem Tode, S. 34-35

sich auch die Erde und die ganze materielle Welt zu Licht.

Das Herz ist das Zentralorgan des Lebens: „Denn wo euer Schatz ist, da ist auch euer Herz."[1]

Astrologisch gesehen wird die Sonne – unser Selbst - bei der körperlichen Zuordnung symbolisch dem Herzen, sowie dem Blutkreislauf des Menschen zugeteilt. Das Herz, im Mittelpunkt des physischen Körpers, versorgt durch den Blutkreislauf den ganzen Organismus. Sind wir mit unserem Selbst im Unreinen, kann sich das auch durch Störungen am Herzen oder im Kreislauf auswirken.

Der physische Körper nimmt ja nicht nur die kosmisch-göttliche Lebensenergie, die reine Sonnenenergie, durch den Ätherkörper auf, sondern er ist ebenfalls mit dem Astralkörper verbunden. Das bedeutet, all die Energien der Gedanken, Gefühle, Wünsche und Ängste und alle astralen Strömungen der Umwelt fließen durch die ätherischen Kanälchen in unseren physischen Körper ein. Sobald diese Ängste, Wünsche, Begierden und alle unerlösten Anteile in unserem Körper-System überhand nehmen und außer Kontrolle geraten, kommt es zum Stau. Diese Blockaden hindern den freien Strom der Lebensenergie; der grobstoffliche Körper wird nicht mehr genügend versorgt und das kann zu Überreizungen, zu Krankheiten und weiterschreitend zum Tod führen. Kreislaufstörungen

---

[1] Math. 6,21

sind die häufigste Todesursache in unserer modernen Welt.

Eine Möglichkeit, diesen Kreislauf wieder herzustellen und uns die Kraft der Sonne nutzbar zu machen, ist es, dass wir uns bewusst der Sonne zuwenden, uns auf ihre Energie konzentrieren und ihre Kraft durch unseren Körper strömen lassen. Dadurch können sich die Blockaden langsam auflösen, bis der Energiekreislauf zwischen Körper, Geist und Seele, bzw. zwischen Mensch, Erde und Sonne wieder frei fließen kann. Alles das, in das wir bewusst unsere Gedankenkraft hineingeben, wirkt vielfach stärker, als wenn wir dem Geschehen keine Beachtung schenken.

Die Sonne ist das Feuer, das alles Alte, Dunkle zu Asche verbrennt, damit der „Phönix aus der Asche" auferstehen kann. Wenn wir ihr Licht bis in unsere verborgenen Tiefen hineinfließen lassen, kann sie alle Dunkelheit beseitigen, alles Erstarrte lösen, uns erneuern und uns selbst zu Licht werden lassen. An all den Körperstellen, an denen der Fluss der Lebensenergie blockiert wird, brennt sie mit ihrer Kraft diese Blockaden aus.

Dieses „Ausbrennen" ist ein Reinigungsprozess, der uns zum Teil auch körperliche Schmerzen und emotionale Frustrationen bereiten kann. Es werden Blockaden aufgelöst, indem all die alten Schlacken in uns hervorkommen und erst einmal verstärkt Konflikte und Krankheitssymptome auslösen können. Je weiter wir in die unbewussten Tiefen eindringen, desto mehr können wir von den alten Schlacken liebevoll hervorholen, sie bearbeiten und dann ablegen, und umso größer ist die Befreiung. Viele alte Lebensstrukturen sind aufzugeben, bis sich die Identifikation mit allen Wünschen, Bindungen und Vorstellungen aufgelöst hat und sich ein neues Bewusstsein eröffnen kann. Nur wenn diese Reinigungszyklen durchlaufen sind, ist eine Neugeburt möglich.

Wer mit solch einem Prozess konfrontiert ist, sollte sich ihm hingeben und „Ja" dazu sagen, denn das Höhere Selbst hat sich längst entschieden, diesen Prozess, der für einen weiteren Entwicklungsschritt notwendig ist, zuzulassen. Je mehr wir dagegen Widerstand leisten, desto mehr verfestigen wir die Blockaden - und umso mehr emotionale oder körperliche Schmerzen werden wir erleiden.

Sobald das Licht wieder frei in uns fließt, sind wir auch geschützt gegen alle negativen Kräfte aus der Umwelt.

Es gibt eine Menge Rituale und Übungen, um die Kraft der Sonne in uns zu stärken und zu beleben. Wir können, wie die indigenen Völker, die Sonne morgens beim Aufstehen begrüßen und abends, wenn sie untergeht, verabschieden und ihr danken für das Licht und die Kraft, die sie uns schenkt. Wir können uns bewusst machen, dass wir auch mit der Sonne in Verbindung stehen, wenn sie untergegangen ist und wir sie nicht sehen können.

Aus der Fülle von Sonnenübungen, Gebeten und Ritualen möchte ich hier einige Beispiele anführen:

Übung zur Stärkung von Körper, Geist und Seele:
Wir stellen uns jeden Morgen der Sonne entgegen, breiten die Arme aus, die Handflächen nach oben, schließen die Augen und bitten die Sonne, uns einen Sonnenstrahl zu schicken, der in unseren Körper einfließt. Wir atmen mehrere Male tief ein und stellen uns dabei goldenes Licht vor, das mit dem Atem in uns einfließt und jede Zelle unseres Körpers mit ihrem Licht erfüllt. Dann bitten wir, dass dieser Sonnenstrahl uns am Tag und in der Nacht begleiten, beschützen und heilen möge. Danach lassen wir das Licht aus Händen, Füßen und dem Herzen herausfließen über die ganze Erde, zu allen Menschen, allen Tieren, allen Pflanzen und zu allen Wesen, sodass die ganze Welt durchlichtet werde. Wir danken der Sonne und sind geschützt und gestärkt für den Tag. Außer dem Göttlichen Licht kann nichts Negatives in uns eindringen.

Gebet an die Sonne:
„Wenden Sie sich mit diesen Worten an die Sonne:
Du, der du die Quelle aller Kraft bist,
deren Strahlen die ganze Welt erleuchten,
erleuchte auch mein Herz,
so daß auch dies dein Werk tun kann.

Während Sie diese Worte sprechen, stellen Sie sich vor, wie die Sonnenstrahlen in die ganze Welt hinaus scheinen, in Ihr eigenes Herz eindringen und dann vom Herz-Chakra aus wieder hinaus strahlen. Dies ist ein machtvolles und lebensstärkendes Gebet.".[1]

---

[1] Ralph Blum, Runen, S. 105

Gayathri-Mantra:

„Om bhur bhuvah svah
tat savitur varenyam
bhargho devasya dhimahi
dhiyo yo nah prachodayat"

Das „Gayathri" ist ein höchst heiliges Mantra aus den Veden (Heilige Schrift der Hindus). Es wirkt sehr machtvoll auf all unsere Körperhüllen ein, und es heißt, dass uns die Rezitation des Mantras zum Bewusstsein der Unsterblichkeit führt. Das Mantra sollte morgens und abends 3- oder 9-mal; (in der vedischen Tradition 108-mal) gesungen werden und bedeutet:

OM – der Ton als Grundlage der Schöpfung – Brahman.

Bhur – die Erde, das Grobstoffliche.

Bhuvah – die Atmosphäre, der Äther, das Subtile.

Svah – der Himmel, die Religion hinter Bhuvah, dem Kausalen.

Tat – „DAS", die höchste Wirklichkeit wird einfach mit „DAS" bezeichnet, da sie sich der Bezeichnung durch die Sprache entzieht.

Savitur – das Göttliche Savitri, vergleichbar mit der Leben schenkenden Energie, die in der Sonne enthalten ist.

Varenyam – inniglich, lieben, anbeten.

Bhargo – Strahlkraft, Erleuchtung.

Devasya – Göttliche Strahlenkraft oder Gnade.

Dhimahi – wir betrachten

Dhi – Intellekt

Nah Prachodayath – beten, drängen, ersuchen..[1]

Agnihotra:

Das „Agnihotra" ist ein vedisches Opferritual, bestehend aus einem heilenden Feuer in Verbindung mit gesungenen Mantras, das an den Naturrhythmus von Sonnenaufgang und Sonnenuntergang gebunden ist. „Exakt zu Sonnenaufgang erscheint eine Flut von feinen Elektrizitäten auf der Koordinate des Planeten, wo die Sonne aufzugehen scheint. Diese Energien sind voller Heilkraft. Zu Sonnenuntergang ziehen sich diese Kräfte wieder zurück."[2]

Der Sonnengruß:

Die Yoga-Übung „Gruß an die Sonne", wird von den Yogis traditionsgemäß bei Sonnenaufgang und in Richtung der Sonne praktiziert. Auch mit dieser Übung wird eine Verbindung von Körper und Geist zur Sonne hergestellt. (Eine Anleitung zur Übung findet sich in fast jedem Yoga-Buch).

Es führt uns aber auch jedes Gebet, das aus dem Herzen aufsteigt, der inneren Sonne ein Stück näher. Beten bedeutet nicht immer, um etwas zu bitten. Beten kann auch heißen: „Atmen mit Gott" und somit ein Auftanken des Göttlichen Lichtes und der Göttlichen Liebe sein. Bei solch einem Gebet wird jedes Mal der Gottesfunke in uns entzündet, bis er zu einer stetig

---

[1] Das Gayathri-Mantra gibt es in verschiedenen Versionen
[2] Deutsche Gesellschaft für Homa-Therapie e.V., Haldenhof 1, 78357 Mühlingen

lodernden Flamme entfacht und jede Zelle unseres Körpers damit erfüllt ist.

Das Licht der Sonne erhellt den Pfad, auf dem wir weitergehen, um in unserer Entwicklung höher zu steigen. Diese geistige Verbindung mit der visualisierten Sonnenenergie, dem direkten Sonnenlicht oder anderen Sonnenritualen gewährt Körper und Geist Gesundheit, stärkt, durchlichtet und erneuert uns und schenkt uns letztendlich das Bewusstsein von Unsterblichkeit. Wer das Licht in sich entdeckt, dem kann der Tod nichts mehr anhaben.

> „(…), so wird derselbe, der Jesus Christus von den Toten auferweckt hat, auch eure sterblichen Leiber lebendig machen durch seinen Geist, der in euch wohnt."[1]

Schauen wir uns den Aufbau eines Atoms an: Wir wissen, dass ein Atom aus dem Atomkern und seinen um ihn herumschwirrenden Elektronen besteht. Und letztlich ist auch ein Elektron nicht ein endliches Teil in der Kette des Aufbaus der Materie, sondern ein weiterer Aufbau von noch feineren Bestandteilen. Im Verhältnis zur Größe des ganzen Atoms sind Atomkern und Elektronen winzig klein und der Abstand zwischen Kern und Elektronen ist wiederum riesig groß. Das bedeutet, dass die eigentliche Masse der Materie des Atoms minimal ist zu seiner Größe und es hauptsächlich aus Leere besteht – aus „Nichts". Das entspricht auch dem Weltbild der östlichen Religionen, die davon ausgehen, dass die ganze Welt Illusion,

---

[1] Röm. 8,11

Schein, Maya ist. Durch die immense Bewegung der herumschwirrenden Elektronen bekommt das Atom allerdings eine ungeheure Kraft und macht die ganze Materie zu einem einzigen lebendigen Organismus. Beziehen wir diese Erkenntnis auf unseren materiellen Körper, der ja aus Atomen gebildet ist, müssen wir feststellen, dass er eine Anhäufung von leerem Raum und gleichzeitig in ständiger Bewegung ist. Unser Körper entpuppt sich damit als „Leere" – und dennoch als Kraft, Äther, Geist - als Licht. Dadurch wird auch deutlich, dass es eine Abgrenzung des Körpers von der Außenwelt, wie wir sie durch unsere Haut erleben, nicht geben kann. Es existieren auch nicht zwei verschiedene Einheiten – nicht Körper und Geist. Der materielle Körper ist Geist, ist Licht.

Jedes Atom, die Substanz der ganzen Schöpfung ist reines Licht. So ist auch unser physischer Körper aus Licht gebildet. Er ist mit der Geistig-Göttlichen Kraft durchwoben. Schöpfer und Schöpfung, Gefäß und Inhalt sind aus gleichem Stoff. Bei Johannes vom Kreuz lesen wir:

"Je mehr Lichtintensität er zunehmend empfängt, desto mehr Licht wird sich auf ihm wiederfinden und desto heller wird er. Das kann aufgrund der empfangenen Lichtfülle soweit gehen, daß er allmählich ganz Licht zu sein scheint und sich vom Licht nicht mehr unterscheidet (...)".[1]

Das Göttliche Licht durchdringt nicht nur die Materie, sondern den Menschen in seiner Ganzheit. Der Mysti-

---

[1] Johannes vom Kreuz, Die lebendige Liebesflamme, S. 59

ker Jakob Böhme bezeichnete Materie als „gefrorenes Licht". Die materielle Dichte des physischen grobstofflichen Körpers kann also durch die göttliche Kraft der Sonne, die ihn durchdringt, „aufgetaut", also verfeinert und schlussendlich durch einen geistig-himmlischen Lichtkörper ersetzt werden, der ewig bestehen bleibt.

Diese Umwandlung des Körpers in Licht als ein alchimistischer Prozess war früher ein großes Geheimnis, das nur Eingeweihten preisgegeben wurde. In Indien ist unter den Yogis bekannt, dass man diesen mystischen Umwandlungsprozess durch verschiedene Yoga-Techniken beschleunigen kann. Der bekannte Yogi Paramahansa Yogananda schreibt:

„Dadurch, daß der Yogi die Anhäufung venösen Blutes verhindert, kann er den Verfall der Zellen reduzieren oder sogar aufheben. Ein fortgeschrittener Yogi verwandelt seine Körperzellen in reine Energie."[1] und an anderer Stelle: „Wenn z. B. der Kriya-Yogi seine Technik übt, erfüllt er alle seine Körperzellen mit unvergänglichem Licht und erhält sie dadurch in einem geistig magnetisierten Zustand."[2]

So wollte Paramahansa Yogananda uns vielleicht mit seinem verstorbenen Körper das Geheimnis des umgewandelten Lichtkörpers zeigen: „Noch mehrere Wochen nach seinem Hinscheiden leuchtete sein unverändertes Antlitz in einem göttlichen Glanz – unberührt von jeder Verwesung."[3] Und, der Direktor

---

[1] Paramahansa Yogananda, Autobiographie eines Yogi, S. 252
[2] Paramahansa Yogananda, Autobiographie eines Yogi, S. 257
[3] Paramahansa Yogananda, Autobiographie eines Yogi, S. 507

des Friedhofs, wo der Körper des großen Meister vorläufig ruhte, stellte fest: „Das Ausbleiben jeder Verfallserscheinung am Leichnam Paramahansa Yoganandas stellt den außergewöhnlichsten Fall in unserer ganzen Erfahrung dar ... Selbst zwanzig Tage nach seinem Tod war kein Zeichen einer körperlichen Auflösung festzustellen ... Die Haut zeigte keine Spuren von Verwesung, und im Körpergewebe ließ sich keine Austrocknung erkennen." .[1]

Auch im tibetischen Buch vom Leben und vom Sterben können wir lesen:

„Durch diese fortgeschrittenen Übungen des Dzogchen können erfahrene Praktizierende ihr Leben auf außergewöhnliche und triumphale Weise beschließen. Wenn sie sterben, können sie ihren Körper in die Lichtessenz der Elemente auflösen, aus denen er geschaffen ist. Das heißt, ihr materieller Körper löst sich in Licht auf und verschwindet vollständig." .[2]

Alle Pflanzen sind mit Sonnenenergie aufgeladen, und so erhalten wir diese lebensnotwendige Kraft der Sonne natürlich auch durch die Nahrung, die wir zu uns nehmen. Sie ist die Lebenskraft, die der Körper benötigt um hier auf der Erde zu funktionieren und durch die wir ihn am Leben erhalten. Zu allen Zeiten gab – und gibt - es aber Menschen, die sich so stark mit dem Göttlichen Licht verbinden konnten, dass sie

---

[1] Paramahansa Yogananda, Autobiographie eines Yogi, S. 507
[2] Sogyal Rinpoche, Das tibetische Buch vom Leben und vom Sterben, S. 204

keine grobstoffliche Nahrung mehr benötigten. Sie wurden versorgt durch eine Nahrung geistiger Art.

So lebte die Heilige Therese Neumann von Konnersreuth (Bayern) – 1898 geboren -, die täglich nur eine geweihte Hostie zu sich nahm, von „Gottes Licht". Ab ihrem 25. Lebensjahr nahm sie außer der Heiligen Kommunion keine feste und flüssige Nahrung zu sich. Hier ein Auszug aus einem Zwiegespräch zwischen der damals 37 Jahre alten Heiligen und Paramahansa Yogananda, der sie in Deutschland besuchte: „Sie können aber nicht zwölf Jahre lang nur davon gelebt haben?" „Ich lebe von Gottes Licht." (...) "Ich verstehe! Sie wissen, dass Sie von der Kraft erhalten werden, die aus dem Äther, der Luft und den Sonnenstrahlen in Ihren Körper einströmt.".[1] Sie wurde gespeist vom „Abendmahl". Das Sakrament des Abendmahls nannte man im Altertum „Heilmittel der Unsterblichkeit".

Aber auch (um nur einige zu nennen) der Schweizer Mystiker Hl. Nikolaus von Flüe, auch Bruder Klaus genannt, (geb. 1417) lebte über 20 Jahre als Einsiedler ohne jegliche Nahrungsaufnahme.

Elisabeth Achler, „Die gute Beth" aus Reute – 1386 geb. – aß jahrelang nichts. 200 Jahre nach ihrem Tod wurde ihr Grab geöffnet und es heißt, ihre Gebeine waren noch gut erhalten.

Alexandrina aus Balasar (Portugal) - geboren 1904 – nahm über mehrere Jahre keine Nahrung zu sich.

---

[1] Paramahansa Yogananda, Autobiographie eines Yogi, S. 378

Und Giri Bala, eine indische Yogini, lebte seit ihrem 12. Lebensjahr ohne Nahrung und Getränke. In einem innigen Gebet bat sie Gott, ihr einen Guru zu schicken, der sie lehren sollte, von Seinem Licht, anstatt von Nahrung zu leben. Daraufhin erschien ihr ihr Guru, weihte sie in eine bestimmte Technik ein und sagte ihr: „Von heute an sollst du nur noch von astralem Licht leben, denn die Atome deines Körpers werden vom nie versiegenden kosmischen Strom gespeist werden."[1] In ihrem 68. Lebensjahr hatte sie ein Gespräch mit Yogananda, der zu ihr sagte: „Ihr zieht Eure Nahrung aus den feineren Energien der Luft und des Sonnenlichts und aus der kosmischen Kraft, die durch das verlängerte Mark in Euren Körper einströmt."[2]

Unsere Aufgabe ist es heute die Trennung zwischen Geist und Körper zu überwinden und uns an den Göttlichen Ursprung, daran, dass wir Licht sind, zu erinnern. Obwohl wir einen dichten physischen Körper haben und in der Materie, auf der Erde leben, können wir unser Bewusstsein über die physische Ebene erheben und erkennen, dass alle Materie Geist, Licht ist und damit auch der Tod nicht existiert. Wenn wir unser wahres Wesen erkennen und aus unserem eigenen Licht leuchten, haben wir den Tod überwunden.

Öffnen wir unser Herz wieder für die Sonne und lassen die Sonnenstrahlen hineinfließen und uns durch-

---

[1] Paramahansa Yogananda, Autobiographie eines Yogi, S. 476
[2] Paramahansa Yogananda, Autobiographie eines Yogi, S. 474

lichten, bis wir mit dem großen Sonnengeist mitschwingen. Wenn wir mit unseren äußerlichen Augen auch nur die sichtbare Sonne sehen können, so wird uns die wahre geistige Sonne in der Wärme offenbar, die sie ausstrahlt und die wir in uns aufnehmen. Diese Wärmekraft der geistigen Sonne kann unser Bewusstsein von der Wahrnehmung der irdischen Welt zur Weite der himmlischen geistigen Welt ausdehnen und uns zum Göttlich-Geistigen Menschen erwecken.

Erheben wir uns aus unserer Trägheit und machen uns neugierig auf den Weg, das Wunder der unendlichen göttlichen Möglichkeiten zu finden, das in uns Menschen verborgen ist.

Erwachen wir und werden uns bewusst, dass wir mehr sind als unsere körperliche Hülle und dass sich im Körper des Menschen das Licht – das unendliche Sein - offenbart. Dann hat das Licht den Sieg über den Körper, über die Materie davongetragen, und es wird in uns ein immer größeres Licht erstrahlen, bis wir eines Tages selbst zu einer Sonne werden und sagen können: "Ich bin das Licht der Welt!"

(...); denn alles, was offenbar wird, das ist Licht. Darum heißt es:

„Wache auf, der du schläfst, und stehe auf von den Toten, so wird dich Christus erleuchten." [1]

---

[1] Eph. 5, 13-14

Die Autorin

Sybille Jeziorski,
geb. 1948, lebt heute in
Freiburg i. Breisgau.
Sie ist staatlich geprüfte
Heilpraktikerin und arbeitet
in eigener Praxis als
Therapeutin in
Biodynamischer Körperpsychotherapie. Darüber
hinaus bietet sie Seminare und Vorträge über
unterschiedliche spirituelle Themen an, wie z.B. über
„Tod und Sterben", „Die Kraft der Gedanken" oder
„Die Umwälzungen der neuen Zeit".

Mehr Informationen unter
www.Sybille-Jeziorski.de.

Bücherverzeichnis

Esoterisches Heilen, Alice A. Bailey,
4. Band der Buchreihe
Eine Abhandlung über die Sieben Strahlen,
Verlag Lucis-Genf, Auslieferung für Deutschland:
Karl Rohm , Verlag, Bietigheim / Württemberg, 4.
Auflage 1988

Telepathie und der Ätherkörper, Alice A. Bailey,
Verlag Lucis-Genf, Auslieferung für Deutschland:
Karl Rohm, Verlag, Bietigheim / Württemberg, 1989

Von Bethlehem nach Golgatha, Alice A. Bailey,
Die Einweihungen Jesu
Verlag: Association Lucis Trust, Genf, 2. Auflage 1991

Der träumende Delphin, Sergio Bambaren,
Eine magische Reise zu dir selbst,
Kabel Verlag GmbH, München, 1998

Vom übersinnlichen Leben, Jakob Böhme,
Ogham Verlag, Sandkühler & Co., Stuttgart,
2. Auflage 1993

Runen, Ralph Blum,
Heinrich Hugendubel Verlag, München,
4. Auflage 1989

Brücke über den Strom, Wilfried von Engelhardt,
Mitteilungen von Sigwart Graf zu Eulenburg aus dem
Leben nach dem Tode 1915 – 1949
Oratio Verlag GmbH, CH-8200 Schaffhausen 1999

Buddhistische Schatzkiste,
Herausgeber: Buddhistisches Seminar,
8581 Bindlach, Eberner Druck GmbH, Ebern 1989

Der Alchimist, Paulo Coelho,
Diogenes Taschenbuch, 2008

Die Bhagavadgita,
In der Übertragung von Sri Aurobindo,
Herder Spektrum, 1992

Die unendliche Geschichte, Michael Ende,
Büchergilde Gutenberg, Frankfurt am Main,
Wien, Zürich, mit Genehmigung des
K. Thienemanns Verlag in Stuttgart, 1979

Das Büchlein vom Leben nach dem Tode,
Gustav Theodor Fechner,
Insel-Bücherei Nr. 1336, Insel Verlag 2010

Botschaften der Hoffnung, Paola Giovetti,
Kinder trösten ihre Eltern aus dem Jenseits
Wilhelm Goldmann Verlag, München 1991

Tatort Krankenhaus, Christiane Gibiec,
Der Fall Michaela Roeder,
Verlag J.H.W. Dietz Nachf. GmbH, Bonn 1990

Der Prophet, Khalil Gibran,
Walter-Verlag AG, Olten 1973, 19. Auflage 1986

Die lebendige Liebesflamme, Johannes vom Kreuz,
Vollständige Neuübersetzung,
Gesammelte Werke Band 5, Verlag Herder Freiburg
im Breisgau 2000

Erinnerungen, Träume, Gedanken, C.G. Jung,
Walter-Verlag Olten, 2. Auflage 1984

Die Welt der Schamanen, Holger Kalweit,
Fischer Taschenbuch Verlag GmbH,
Frankfurt am Main, 1988

Geschichten, die der Seele gut tun,
J. Kornfield / C. Feldmann,
Verlag Herder Freiburg im Breisgau 1998, 3. Auflage

ZEN, Jenseits aller Worte, Wolfgang Kopp,
Unterweisungen eines westlichen Zen-Meisters,
Ansata-Verlag, Rosenstraße 24,
CH-3800 Interlaken, Schweiz 1993

Über den Tod und das Leben danach,
Elisabeth Kübler-Ross,
Verlag Die Silberschnur GmbH, 1984

Die drei Lichter der kleinen Veronika,
Manfred Kyber,
Wilhelm Heyne Verlag München, 1987

Die Reise der Seele, Marie Métrailler,
Pendo Verlag GmbH, Zürich und München 2008

Traumfänger, Marlo Morgan,
16. Auflage, Wilhelm Goldmann Verlag, München,
1995

Paramahansa Yogananda, Autobiographie eines Yogi, Otto Wilhelm Barth Verlag,
München, 20. deutschspr. Ausgabe 1994

Zeit und Ewigkeit im Jahreskreis, Arthur Schult,
Sonntags-Andachten, Turm Verlag,
7120 Bietigheim-Bissingen 1987

**Das tibetische Buch vom Leben und vom
Sterben,** Sogyal Rinpoche,
Otto Wilhelm Barth Verlag, 1993

**Über das Ereignis des Todes und Tatsachen der
nachtodlichen Zeit**, Rudolf Steiner,
Vortrag in Leipzig am 22. Februar 1916,
Rudolf Steiner Verlag, Dornach / Schweiz 1980

Unter Meistern im Himalaya, Swami Rama,
Wilhelm Goldmann Verlag, München 2000